DES CARACTÈRES SOCIAUX

DE

L'INFLUENCE DE NAPOLÉON IER

Par J. DIEZ

« Il n'y a histoire que s'il y a synthèse
et il n'y a synthèse que si l'on recherche
les causes générales des faits acciden-
tels. » (Jean CARRÈRE.)

(Extrait du *Spectateur militaire*.)

PARIS

HENRI CHARLES-LAVAUZELLE

Éditeur militaire

10, Rue Danton, Boulevard Saint-Germain, 118

(MÊME MAISON A LIMOGES)

DES CARACTÈRES SOCIAUX

DE

l'Influence de Napoléon IER

DES CARACTÈRES SOCIAUX

DE

L'INFLUENCE DE NAPOLÉON Iᴱᴿ

Par J. DIEZ

« Il n'y a histoire que s'il y a synthèse et il n'y a synthèse que si l'on recherche les causes générales des faits acciden- tels. » (Jean CARRÈRE.)

(Extrait du *Spectateur militaire*.)

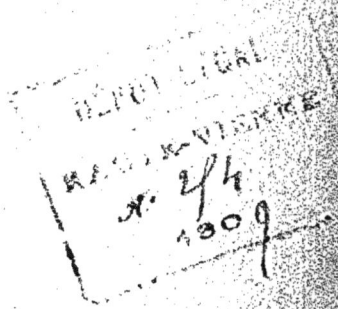

PARIS

HENRI CHARLES-LAVAUZELLE

Éditeur militaire
10, Rue Danton, Boulevard Saint-Germain, 118

(MÊME MAISON A LIMOGES)

AVANT-PROPOS

« Napoléon a trop dédaigné, dans son profond orgueil, la puissance de l'élément moral ; peut-être n'a-t-il jamais compris complètement son principe même (1). » Ce puissant génie n'a pas senti que son immense action personnelle serait stérile puisqu'il dédaignait de lui donner, dans le peuple même, une base solide, un appui ferme et inébranlable, par l'application des principes de liaison et de désintéressement qui ont leur source dans les sentiments altruistes, dans un profond amour du pays, dans le désir enfin de développer puissamment la force vitale de la nation et sa puissance en tant que personne morale. C'est pourquoi l'œuvre de Napoléon manqua de vie : elle ne pouvait en puiser dans les éléments d'insatiable ambition et d'intérêt personnel, qui sont à la base de tous les actes de l'Empereur.

Cette opinion semble mériter une attention toute particulière. Non qu'il puisse être question de s'inscrire en faux contre la croyance faisant de Napoléon un des plus grands conducteurs d'hommes que la terre ait jamais vus. Nous repoussons énergiquement toute imputation tendant à faire de notre travail une attaque, si déguisée soit-elle, contre le génie de Napoléon. C'est évidemment une des gloires françaises

---

(1) J. Diez, *De la force morale au point de vue militaire,* p. 25.

les plus rayonnantes ; comme tel, il fait partie de notre substance morale ; il appartient à notre patrimoine national : nous n'aurions garde d'y porter une main sacrilège.

Mais le soleil lui-même a des taches, et l'astronome qui se livre à l'étude de celles-ci nie-t-il les bienfaits de l'astre générateur de chaleur et de lumière ? D'un autre côté, une étude spéciale, strictement impersonnelle, faite avec impartialité sur le terrain des principes, a le droit absolu de constater des faits avérés, connus, publics, et d'en tirer des conclusions qui s'efforcent d'être pratiques au point de vue militaire et social. « L'histoire est faite pour prouver et pour enseigner. » (MIGNET.)

Sans doute on ne peut accorder une confiance absolue aux jugements contenus dans les *Mémoires* ou les écrits relatifs à la période du Consulat et de l'Empire. Il est cependant bien permis de remarquer dans quel sens il faut leur accorder une valeur historique relative. On a écrit maintes fois, à tort sans doute, que la légende est plus instructive que l'histoire. Ne pourrait-on étendre cette opinion aux *Mémoires* ? Il ne faut pas croire que tout se sait, car tout s'ignore ; ni qu'il n'y a point de fumée sans feu, car la plupart des nouvelles que l'on colporte sont forgées. Mais elles le sont avec une si maligne et si admirable divination de ceux qu'elles visent qu'on peut les adopter comme base sérieuse de la psychologie des personnages mis en cause. Ce qui caractérise cette façon spéciale de comprendre la documentation historique, « c'est le goût de trouver dans l'histoire la vérité humaine ; de vouloir aux êtres, non une cuirasse, mais un cœur ; de rendre compte des événements par leurs causes, des sentiments et des passions par leur expression ; d'égaler, sinon de préférer, au document dit d'État, officiel et menteur, le document intime, réservé et véridique ». (Fr. MASSON.)

Pour Napoléon Bonaparte, la légende a précédé l'histoire. Lentement, cette dernière poursuit aujourd'hui son œuvre avec les Vandal, les Sorel, les Masson, les Houssaye, les Lévy, les Picard, etc. La colossale figure qui nous apparaît dans leurs travaux, marqués d'une érudite impartialité, n'a rien à redouter d'un libre et minutieux examen.

Notre désir, d'ailleurs, n'est pas d'essayer une appréciation d'ensemble que des plumes éminemment compétentes et brillantes se refusent à émettre. Plus modeste, répondant mieux à l'infirmité de nos forces, notre but se réduit à analyser l'action de Napoléon sous le rapport spécial que nous avons entrepris d'étudier : caractériser, au point de vue psychologique, l'influence de l'homme d'État et du grand capitaine, et nous efforcer de tirer de notre analyse des conclusions sociologiques nettement établies et que l'on puisse admettre comme principes de toute vie sociale.

Nous reconnaissons d'ailleurs bien volontiers que ces conclusions générales, abstraites, doivent souvent être prises en un sens relatif et indicatif et non dans un sens absolu ; elles comportent, en effet, beaucoup de restrictions, d'atténuations, d'exceptions.

Avec patience, établir les bases de ces conclusions ; se tenir à égale distance des admirations injustifiées et des critiques de parti pris ; être avant tout de bonne foi ; n'accepter les idées en cours que pour les analyser sérieusement ; avoir pour elles du respect, mais non de l'idolâtrie ; répandre un peu de clarté, de chaleur, de vie dans ces régions où trop longtemps s'est exercée la tyrannie des préjugés et des mirages, de la paresse d'esprit et de la routine : tels sont les éléments qui nous ont guidé dans nos études et qui ont éclairé nos recherches.

29 août 1903 - juin 1908.

DES CARACTÈRES SOCIAUX

DE

l'Influence de Napoléon Ier

PREMIÈRE PARTIE

ÉTUDE DU CARACTÈRE DE NAPOLÉON Ier

INTRODUCTION

Sommaire : I. Vue d'ensemble sur la vie de Napoléon Ier. —
II. Nécessité de l'étude du caractère de Napoléon Ier pour comprendre son œuvre et les principes qui lui servent de base. —
III. Définition de l'expression « force morale ».

I

Vue d'ensemble sur la vie de Napoléon Ier.

Sous le dôme doré des Invalides, en présence du sarcophage de granit rouge qu'entoure — glorieuses épitaphes — un cycle de formidables batailles, le recueillement est fructueux. Mieux que des témoignages précis, l'atmosphère spéciale de l'endroit fait revivre ce passé lointain,

en ranime les cendres mortes. Là, réflexions et rêveries
se précisent, prennent un relief particulier.

On se sent saisi d'admiration, d'étonnement à l'évoca-
tion de la vie de cet officier silencieux et réfléchi, peu
sociable et indiscipliné ; — de ce général nerveux et infatigable, ambitieux et passionné, aussi audacieux dans la
résolution qu'inébranlable dans l'exécution ; — de ce conquérant de génie, insatiable dans sa soif du pouvoir ; —
de cet empereur enfin, devenu égoïste, contempteur de
l'avenir et des hommes, fataliste et incapable d'abnégation. On se sent rempli de stupeur lorsque l'on embrasse
ainsi d'un regard cette destinée extraordinaire dont l'action
sur le monde entier fut colossale.

Involontairement l'on évoque le spectacle grandiose d'un
formidable incendie qui illumine, mais dévore tout, jusqu'à ce qu'il manque d'aliments. Avant de s'éteindre,
il lance encore un dernier éclat, lumière mourante qui, en
expirant, consume avec elle tout ce qui la soutenait et
l'environnait, puis disparaît laissant l'impression d'une
épouvantable catastrophe.

L'esprit, fatigué du contact de cet embrasement puissant, rêve à ces foyers moins orgueilleux, d'une allure
plus égale, qui répandent autour d'eux une chaleur continue et vivifiante sans épuiser la source qui les alimente.

Dans cette comparaison l'on trouve à la fois les caractères de l'influence de Napoléon comme aussi les raisons
de sa chute profonde.

II

Nécessité de l'étude du caractère de Napoléon Iᵉʳ pour comprendre son œuvre et les principes qui lui servent de base.

L'œuvre d'un homme, quel qu'il soit, ne s'explique complètement que par la connaissance que l'on peut avoir du caractère de cet homme. Combien dès lors il est nécessaire, avant de formuler un jugement qui, par quelque côté, touche à Napoléon Bonaparte, personnage extraordinaire, surhumain (1), d'étudier son âme, de rechercher ses pensées intimes, de scruter les mobiles comme les motifs de ses actes. Jamais caractère individuel, en effet, n'a si profondément imprimé sa marque sur une œuvre collective. Pour comprendre l'œuvre de Napoléon, sa partie historique et philosophique, c'est donc le caractère de son auteur qu'il faut avant tout observer.

Cette connaissance acquise, il sera permis de se demander si cet homme pouvait comprendre et mettre en application les principes du développement normal d'une nation par le perfectionnement moral de ses membres.

---

(1) « Démesuré en tout, mais encore plus étrange, non seulement il est hors ligne, mais il est hors cadre; par son tempérament, ses instincts, ses facultés, son imagination, ses passions, sa morale, il semble fondu dans un moule à part, composé d'un autre métal que ses concitoyens et ses contemporains. » (H. TAINE, *Les Origines de la France contemporaine; Le régime moderne*, t. I, p. 5.)

III

Définition de l'expression « force morale ».

Il est de la plus haute utilité de préciser ici un point spécial, de définir ce que nous entendons par « force morale ». Nous reconnaissons le caractère moral à toute force individuelle qui grandit, développe la valeur de l'être humain ; — à toute force collective qui assure à la société où elle s'exerce une plus grande cohésion, une plus grande solidarité entre les membres qui la composent. Si, dans un être humain, se réalise une compréhension plus parfaite de l'idée de devoir, il y aura augmentation de sa valeur morale : — donc perfectionnement individuel. Si, dans une collectivité, la notion de discipline sociale, basée sur la raison, est mieux comprise et devient inspiratrice d'un dévouement plus intelligent à la cause publique, la valeur morale de cette collectivité aura elle-même augmenté : — donc perfectionnement social.

Chose remarquable, plus les collectivités sont morale-ment fortes, cohérentes, plus les individualités qui les com-posent sont moralement accusées, puissantes. La récipro-que se vérifie également.

La démoralisation de l'adversaire, but de la manœuvre napoléonienne dans la vie civile comme dans la vie militaire, ne grandit pas forcément l'auteur de la démo-ralisation : elle le dégrade souvent, au contraire. Elle peut lui assurer un succès passager ; elle ne lui garantit pas une supériorité morale durable.

On classe, par exemple, dans les forces morales, la confiance en soi, le dédain de l'ennemi. Nous ne nions pas le rôle de ces éléments ; mais qu'ont-ils de moral ?

En quoi se rapportent-ils aux mœurs ? En quoi leurs variations correspondent-elles à des variations de la valeur individuelle et de la valeur sociale des individualités ? Telle est la question qui se pose très nettement. Il importe de distinguer, en effet, les *facteurs moraux* des *facteurs immatériels*. La force morale est vivifiée par la conscience et la réflexion ; c'est en cela qu'elle diffère de la force immatérielle, acceptée sans raisonnement et que souvent le raisonnement détruirait.

Dans notre esprit, nous n'opposons donc pas la force morale à la force matérielle. Celle-ci, développée sous l'influence d'une direction réfléchie, peut, en certaines circonstances, provoquer un développement permanent de la valeur individuelle comme de la valeur collective. Nous reconnaissons donc la qualité *morale*, à *toute force*, *matérielle ou immatérielle, qui assure un perfectionnement durable de l'individu et de la collectivité.*

CHAPITRE PREMIER

L'HOMME

I

Napoléon fut un esprit positif.

Napoléon fut un esprit positif: « Cet homme avait le goût sûr, instinctif, indestructible des réalités ; il s'est basé sur les faits tant qu'il a eu une base. » (Carlyle.) Lui-même ne s'est-il pas déclaré « le plus esclave de tous les hommes, obligé d'obéir à un maître qui n'a point de cœur : le calcul des événements et la nature des choses (1) » ?

La trempe de son esprit le conduisait toujours vers le positif ; il repoussait les idées vagues, il abhorrait également les rêves des visionnaires et les abstractions des idéologues; il traitait de rabâchage tout ce qui ne lui présentait pas des aperçus clairs et des résultats pratiques. Il n'examinait les choses que sous le rapport de

---

(1) Au roi de Wurtemberg, Mayence, 30 septembre 1806.

leur utilité immédiate : un principe général lui déplaisait comme une niaiserie ou comme un ennemi. Dès 1797, il écrivait : « La loi de la nécessité maîtrise l'inclination, la volonté et la raison. »

Dans le même ordre d'idées, Napoléon, exagérant son culte des réalités, disait qu'à « la guerre, rien ne s'obtient que par le calcul » (1). Il ne pouvait oublier que le calcul doit tenir compte, non seulement des réalités matérielles, mais aussi des raisons morales. C'est par la merveilleuse association des éléments matériels et des éléments moraux que l'on arrive à une combinaison logique et serrée des moyens cessaires pour marcher résolument vers un but accessible.

II

Son imagination maladive fit sombrer sa raison.

Napoléon, au début de sa carrière militaire et politique, savait donc allier le culte des matérialités aux exigences des choses de l'âme. « Ce n'est qu'avec de la prudence, de la sagesse, beaucoup de dextérité que l'on parvient à de grands buts... Du triomphe à la chute, il n'est qu'un pas. J'ai vu, dans les plus grandes circonstances, qu'un rien a toujours décidé des plus grands événements (2). »

Pour ce rien qui décide de tout, il ne s'en remet qu'à lui-même, prévoyant, disposant les choses, souvent dans plusieurs données et avec plusieurs issues, et ne laissant au hasard, c'est-à-dire à l'indéterminé et à l'imprévu, que la part la plus minime. « Dans tout ce que l'on entre-

---

(1) A Joseph, Saint-Cloud, 6 juin 1806.
(2) A Talleyrand, 7 octobre 1797.

prend, dit-il, il faut donner les deux tiers à la raison et l'autre tiers au hasard. Augmentez la première fraction, vous serez pusillanime ; augmentez la seconde, vous serez téméraire. » Si l'on se reporte aux notes que Napoléon adressait le 30 septembre 1806 et les jours suivants pour expliquer le plan d'opérations contre la Prusse, on est frappé de l'acharnement apporté par l'Empereur à creuser son sujet ; on conçoit que, sans forfanterie, il ait écrit : « En ceci, je vais aussi loin que la prévoyance humaine le puisse permettre. »

Plus tard, il s'abandonnera davantage au hasard : c'est alors qu'il parlera si souvent de son étoile et qu'il en arrivera à exagérer l'importance de la matière au détriment des facteurs immatériels. Dès lors son imagination déréglée devint une source d'illusions arbitraires. Plus il alla, plus il perdit cet équilibre qui avait fait sa force. Il finit par ne plus admettre aucune impossibilité (1). « Ce n'est pas possible, m'écrivez-vous ; cela n'est pas français (2). » Ne tenant plus aucun compte des difficultés morales, il conclut bien vite que tout obstacle est matériel et qu'il peut, doit être renversé par des moyens matériels : d'où abstraction, négation des moyens qui ont leur ressort dans l'âme humaine.

Cet ancien « esclave de la nature des choses » devint le plus présomptueux des potentats. Après avoir dupé les autres sur sa puissance, il se fit illusion à lui-même. « L'avocat, chez lui, est d'ordre aussi éminent que le capitaine et l'administrateur. Le propre de cette disposition est de ne jamais se soumettre à la vérité, mais de

---

(1) « L'impossible n'est que le fantôme des timides et le refuge des poltrons », a dit Napoléon le 20 mars 1815. — Voir MARBOT, *Mémoires*, t. I, p. 246 ; — LAS CASES, *Mémorial de Sainte-Hélène*, t. VI, p. 288 ; — DE SÉGUR, *Histoire et Mémoires*, t. II, p. 280.

(2) À Lemarois, Dresde, 9 juillet 1813.

toujours parler ou écrire en vue de l'auditoire, pour
plaider une cause. Par ce talent, on crée des fantômes
qui dupent l'auditoire ; en revanche, comme l'auteur fait
lui-même partie de l'auditoire, il finit par induire en erreur non seulement autrui, mais lui-même : c'est le cas
de Napoléon (1). »

Ce phénomène psychologique n'est pas spécial à Napoléon. Chez ceux qui possèdent une étendue et une
vivacité de l'esprit véritablement extraordinaires, il y a
lieu de craindre, notamment dans le succès, que l'imagination ne prenne le dessus au détriment de la clarté de
l'esprit. Le génie de Napoléon a succombé dans la lutte
entre ces deux qualités (2).

Ses contemporains ont pu s'étonner de ce phénomène ;
non seulement il est explicable, mais il devait fatalement
se produire. Quelques contemporains en ont pressenti
l'éclosion. Napoléon « finira mal, faute de bon sens »,
disait le Russe Woronsof en 1803. « Bien qu'il fût l'homme
le plus positif qui ait peut-être jamais existé, écrit
Bourrienne dans ses *Mémoires*, je n'en ai point connu
qui se laissât plus facilement entraîner au charme des
illusions : en bien des circonstances, désirer et croire
étaient pour lui une seule et même chose (3). »

Ce que Napoléon a fait est surprenant, mail il a entrepris bien davantage ; quoi qu'il ait entrepris, il a rêvé
bien au delà. Si vigoureuses que soient ses facultés pra-

_____

(1) H. TAINE, *Le Régime moderne*, t. I, p. 64.
(2) « L'Empereur est tout système, tout illusion, comme on ne
peut manquer d'être quand on est tout imagination. Qui a voulu suivre sa marche l'a vu se créer une Espagne imaginaire, un
catholicisme imaginaire, une Angleterre imaginaire, une finance
imaginaire, une noblesse imaginaire bien plus, une France imaginaire et dans ces derniers temps, un congrès imaginaire. »
(DE PRADT, *Histoire de l'Ambassade dans le grand-duché de Varsovie*, p. 94. — Voir DE COSTON, *Premières années de Napoléon
Iᵉʳ*, t. I, p. 177.)
(3) BOURRIENNE, *Mémoires*, t. IX, p. 120.

tiques, sa faculté poétique est plus forte ; elle l'est trop pour un homme d'État : « La grandeur s'y exagère jusqu'à l'énormité et l'énormité y dégénère en folie. » (TAINE.)

C'est qu'en effet Bonaparte semble avoir rêvé toujours une destinée de fantaisie au delà de l'existence réelle que les événements lui disposaient. « Dépassant le possible en ses desseins chimériques, mais représentant la chimère en traits si nets, peignant le monstre en couleurs si vives, d'un réalisme si intense, lui imprimant en quelque sorte une allure si naturelle, qu'on le voit sortir du cadre et prendre son vol. Ses rêveries eurent toujours ce caractère de subtile et prestigieuse mise en scène. Le spectateur s'y laisse prendre : il croit voir se dérouler, en projections colorées, des contrées, des villes, des chemins, des étapes, des armées en marche régulière, concertée, alors que ce sont de simples jets de lumière qui s'étalent, s'éparpillent, se jouent, sans laisser de trace sur l'écran incolore. » (Albert SOREL.)

Napoléon oublia que l'homme, quoi qu'il fasse, est lié à la matière. Si c'est un signe de génie de ne pas se laisser écraser par elle, c'est un signe de démence de ne pas vouloir tenir compte des conditions qu'elle impose. Ne croit-on pas entendre sa propre confession dans cet aveu terrible qu'il fait à Sainte-Hélène lorsqu'il dit, à propos de la démence : « Ce qui la caractérise surtout, c'est la disproportion entre les vues et les moyens (1). »

Reniant son ancien culte des faits examinés dans leur ensemble et leurs rapports logiques, Napoléon n'en vit plus qu'une face et se trompa. L'évolution de son caractère fut celle de son élévation ; elle fut fatale : la négation des forces morales amena la désaffection de la nation, par suite la chute de l'Empire.

_____

(1) LAS CASES, *Mémorial* (1824), t. I, p. 372.

« Napoléon a péri ; il a péri pour avoir tenté avec les
hommes du xixᵉ siècle l'œuvre des Attila et des Gengis-
kan ; pour avoir cédé à une imagination toute contraire
à l'esprit contemporain que sa raison connaissait pourtant
si bien ; pour n'avoir point voulu s'arrêter le jour où il
eut la conscience de son impuissance à réussir. La nature
a marqué un terme au delà duquel les entreprises folles
ne peuvent pas être conduites avec sagesse. Ce terme,
l'Empereur l'atteignit en Espagne et le dépassa en Russie.
S'il eût échappé alors à sa ruine, son inflexible outre-
cuidance lui eût fait trouver ailleurs Baylen et Moscou (1). »

III

Napoléon dédaigna les principes moraux : son dédain devint du cynisme.

N'est-il pas naturel qu'avec un caractère ainsi dispo-
sé Napoléon en soit vite arrivé au dédain des choses les
plus sacrées, de celles mêmes pour lesquelles le peuple
français venait d'accomplir le formidable effort de la
Révolution ? Ce dédain devint rapidement du cynisme,
en ce sens que Bonaparte perdit bientôt toute pudeur,
affichant au grand jour ses prétentions comme ses principes.

N'a-t-il pas dit à M. de Talleyrand, en 1813 : « Je vous
donne ma parole que je n'éprouverais aucune répugnance
à commettre ce qu'ils appellent dans le monde une action

---

(1) Général Foy, *Histoire de la guerre de la Péninsule*, t. I,
p. 171.

déshonorante (1) ? » Telle fut la règle de sa conduite pendant toute son existence (2).

« De très bonne heure, à travers le décor des théories et la parade des phrases, ses yeux perçants ont aperçu le fond vrai de la Révolution... ; être conquérant ou être conquis, il faut opter entre ces deux conditions extrêmes ; point de choix intermédiaire (3). » Bonaparte a vite pris son parti.

Dès 1791, c'est-à-dire au début de sa vie publique, Napoléon, se moquant de la légalité, cherche à expliquer la violation des lois par les coups de force. « Souvenez-vous, disait-il à Pozzo, au club des Jacobins d'Ajaccio, de cette belle maxime de Montesquieu, que Mirabeau combattit en vain : « Les lois sont comme la statue de certaines divinités que l'on voile en certaines occasions. »

Il est impossible de passer sous silence la conduite de Bonaparte envers tous ses bienfaiteurs. Ne disait-il pas de Barras et de ses amis, dès 1796 : « Croient-ils que j'ai besoin de protecteurs pour parvenir ? Ils seront tous trop heureux un jour que je veuille leur accorder la mienne. Mon épée est à mon côté et, avec elle, j'irai loin (4). »

Signalons en passant la désinvolture avec laquelle il a renié jusqu'à la mémoire de Robespierre, au lendemain du 9 thermidor. Mieux que personne il sait tirer du présent tout le parti possible : le passé, il l'ignore ; les amis,

---

(1) Mᵐᵉ DE RÉMUSAT, *Mémoires*, t. I, p. 108.
(2) « D'une façon générale et à juger son caractère dans son ensemble, si le mot qui vient matériellement aux lèvres en parlant de cet homme extraordinaire est celui de génie, celui qui se présente le moins à la pensée est certainement celui de vertu. La vertu était devenue étrangère à Napoléon. C'est là sur sa mémoire, quelle qu'ait pu être sa supériorité intellectuelle, un signe indélébile d'infériorité morale. » (Marius SÉRET, *Napoléon*, p. 32.)
(3) H. TAINE, *Le Régime moderne*, t. I, p. 67.
(4) Voir YUNG, *Bonaparte et son temps*, t. III, p. 117 et suiv.

il les renie quand ils le gênent ; les inutiles, il les écarte.
« Robespierre était mort ; Barras jouait un rôle ; il fallait
bien m'attacher à quelqu'un et à quelque chose. » L'aveu
est naïf : il est sincère. Tel est Bonaparte en 1795, tel
il a été, tel il sera toujours, marchant dans la vie comme
un somnambule, sans s'attarder un instant aux obstacles
qui peuvent se dresser devant lui.

La lecture, dans les confidences de Sainte-Hélène, des
hésitations de Bonaparte avant d'accepter le commandement suprême le jour du 13 vendémiaire, permet de
constater que le jeune général s'est demandé plutôt où
était son intérêt personnel que son devoir de citoyen
républicain. Ce qui ne l'empêche pas de dire, peut-être
avec conviction : « Le génie de la Liberté n'abandonne
jamais ses défenseurs. »

Pendant les pourparlers de la paix de Campo-Formio,
Bonaparte n'hésite pas à dévoiler entièrement ses inten-
tions. « Croyez-vous que ce soit pour faire la grandeur
des avocats du Directoire que je triomphe en Italie ?... Il
faut à la nation un chef illustré par la gloire et non par
des théories de gouvernement, des phrases, des discours
d'idéologues auxquels les Français n'entendent rien...
Qu'on leur donne des hochets, cela leur suffit ; ils s'en
amuseront et se laisseront mener, pourvu cependant qu'on
leur dissimule adroitement le but vers lequel on les fait
marcher... Un parti lève la tête en faveur des Bourbons ;
je ne veux pas contribuer à son triomphe. Je veux bien
un jour affaiblir le parti républicain, mais je veux que
ce soit à mon profit et non pas à celui de l'ancienne dynastie. En attendant, il faut marcher avec le parti républicain (1). »

Qu'on se rappelle les démissions réitérées adressées
par Bonaparte au Directoire. Elles n'ont pas d'autre base

---

(1) Comte MIOT DE MÉLITO, *Mémoires*, juin 1897, t. I, p. 154.

que la conviction que possède le général de son importance. « Que le Directoire, s'écrie-t-il un jour, s'avise de
vouloir m'ôter le commandement et il verra s'il est le
maître ! »

Sans doute le mot cynisme peut être considéré comme
trop énergique ; les faits auxquels on l'applique ont,
pour la plupart, trouvé des panégyristes. Mais une telle
appellation ne peut-elle justement qualifier, non seulement l'abandon des soldats français dans les steppes
glacés de la Pologne, mais déjà la façon dont Bonaparte
délaisse son armée d'Egypte ? Malgré de belles promesses
et une proclamation tout en surface, le général, n'obéis-
sant qu'à ses intérêts purement personnels, sacrifie ses
troupes qui n'ont été pour lui, sans aucun profit pour la
France, qu'un moyen de satisfaire son imagination et de
préparer les voies à ses désirs ambitieux (1).

Il quitte l'Egypte sans laisser « un sou en caisse ni
aucun objet équivalent (2) », sans même daigner attendre
le général auquel il confiait la mission de commander à
tant de braves gens. A Sainte-Hélène, Napoléon avoua les
raisons de sa conduite : « Aucun motif ne me retenait en
Egypte ; c'était une entreprise épuisée. Tout général était
bon pour signer une capitulation que le temps rendait
inévitable. »

L'histoire fournit de nombreux exemples tendant à affir-

---

(1) « Il était évident que le patriotisme n'avait été et n'était
pour lui que le prétexte de l'ambition. Ses habitudes, ses goûts,
ses manières, ses discours, ses proclamations, ses moindres paroles, sa figure, son regard, sa nature enfin et jusqu'au dédain
qu'il affiche longtemps pour la tenue militaire, révélèrent partout ses idées, ses espérances et ses désirs d'usurpation. » (Général baron THIÉBAULT, Mémoires, t. III, p. 60.)

(2) Rapport du général Kléber au Directoire. — « Quand la
nouvelle de la mort du général Kléber parvint à Paris, Joseph
en fut et se montra fort affligé au Premier Consul qui lui dit :
« Bah! vous m'ennuyez ; au bout du compte, c'est un rival de
» moins. » (Mémoires de Lucien BONAPARTE.)

mer que Napoléon manqua de sens moral. Il est indispensable que nous en citions quelques-uns (1)

Quand il divorce avec Joséphine, par qui fait-il signifier au Sénat sa résolution ? Par Eugène de Beauharnais, par le fils même de la femme qu'il répudie. L'Empereur exige que le jeune homme frappe sa mère au cœur.

Le père de Junot, conservateur des eaux et forêts du département de la Côte-d'Or, ayant perdu sa femme, demande à se démettre de ses fonctions. L'Empereur répond au général Junot : « Je ne vois pas pourquoi votre père veut quitter sa place... Qu'est-ce que sa femme et sa place ont de commun ensemble ? Si sa femme lui manque pour représenter, qu'il en prenne une autre..... ! (2) » Il faut avouer que la phrase est brutale et au moins déplacée dans une lettre de condoléances.

Portalis, ministre de la justice, entre un jour, les yeux pleins de larmes, dans le cabinet de travail du souverain. Il annonce à l'Empereur la mort de l'archevêque de Tours, son meilleur ami d'enfance. « Cela m'est égal, riposte Napoléon, il ne m'était plus bon à rien (3). »

Ce n'est pas en vain que l'on s'élève de la position d'officier d'artillerie au plus grand trône de l'univers (4). Quelque solide qu'ait été son caractère, Napoléon n'a pu résister au vertige. Comme l'a dit le cardinal de Richelieu : avoir le pouvoir de nuire à l'Etat en fait souvent naître la volonté. Cette volonté est vite arrivée chez

---

(1) Voir Th. YUNG, *Bonaparte et son temps*, t. III, p. 172 et suiv.

(2) Varsovie, janvier 1807.

(3) BEUGNOT, *Mémoires*, t. II, p. 59; — voir comte CHAPTAL, *Mes Souvenirs sur Napoléon*, p. 342.

(4) « Napoléon s'était trop élevé; il planait à une hauteur démesurée au-dessus de tous les trônes! Cette position si hautaine était exclusive, isolée, sans degrés, sans intermédiaire; il en pouvait tomber, mais non en descendre. » (Ph. DE SÉGUR, *Histoire et Mémoires*, t. VI, p. 129.)

Bonaparte : la folie s'est emparée de ce génie qui ne vit plus rien entre lui et Dieu.

Après le sacre, conversant avec Decrès, ministre de la marine, il disait : « J'ai fait un beau chemin, mais quelle différence avec l'antiquité ! Voyez Alexandre : après avoir conquis l'Asie et s'être annoncé au peuple comme fils de Jupiter.. tout l'Orient le crut. Eh bien ! moi, si je me déclarais aujourd'hui fils du Père éternel, et que j'annonçasse que je vais lui rendre grâces à ce titre, il n'y a pas de poissarde qui ne me sifflât sur son passage. Les peuples sont trop éclairés aujourd'hui : il n'y a plus rien de grand à faire (1). »

Napoléon avait oublié les lois naturelles et contingentes pour s'imaginer qu'il possédait un pouvoir surhumain que rien ne devait, ne pouvait arrêter dans son expansion orgueilleuse et dont il n'avait de compte à rendre à personne, surtout à la nation de qui il le tenait.

IV

Croyance de Napoléon en son infaillibilité.

Comment d'ailleurs Napoléon aurait-il admis qu'une force, qu'une influence puisse exister en dehors de lui ? Celui qui écrivait à Eugène : « Je veux ce qui convient et ce qui est bien, parce que mes vues sont supérieures (2) » s'estimait évidemment à cent coudées au-dessus du reste du monde (3).

Et pourtant il craignait toutes les supériorités. « Qui, parmi ceux qui l'ont approché, ne lui a pas entendu dire

---

(1) MARMONT, *Mémoires*, t. II, p. 242.
(2) « Moi seul sais ce que je dois faire. » (A Berthier, 14 février 1806.)
(3) Général FOY, *Histoire de la guerre de la Péninsule*, t. I, p. 19.

qu'il préférait les gens médiocres (1) ? » Toute indépendance, même éventuelle et simplement possible, l'offusque : la supériorité intellectuelle ou morale en serait une ; peu à peu il l'écarte et, vers la fin de l'Empire, il ne tolère plus auprès de lui que des âmes conquises et captives. Des scribes attentifs, des exécutants muets, des manœuvres dociles, point de conseillers libres et sincères. « Je ne saurais que faire d'eux, disait-il, s'ils n'avaient une certaine médiocrité de caractère ou d'esprit (2). »

À son orgueil Napoléon joignait une jalousie profonde de tout ce qui l'entourait. Il reconnaît lui-même « qu'il n'aime à donner la gloire qu'à ceux qui ne peuvent pas la porter » ; il veut être seul maître de ses réputations, « pour les faire ou les défaire à son gré », selon ses besoins personnels (3).

L'Empereur était pétrifié dans son génie ; la facilité qu'il avait toujours rencontrée dans l'obéissance avait fini par le persuader que sa mission se bornait à commander, que lui seul pouvait et devait le faire et que l'exécution suivait infailliblement sa parole (4).

Ainsi se trouve expliquée cette défiance instinctive de Napoléon pour qui n'appartient pas à sa famille ou à son entourage immédiat. Il ne voit, dans les chefs des grandes unités, dans les maréchaux et les généraux, que de simples agents d'exécution. Il ne leur demande qu'une soumission aveugle et une suffisante habitude des détails du métier. Jamais il ne les initie à ses desseins, jamais

---

(1) Mᵐᵉ DE RÉMUSAT, *Mémoires*, t. III, p. 46.
(2) *Ibid.*, t. II, p. 366 ; t. III, p. 46 et 169.
(3) « Jaloux de ses généraux, il les accusait de ses propres fautes, car, pour lui, il ne pouvait jamais avoir failli. » (CHATEAUBRIAND.)
(4) Voir SAVARY, *Mémoires*, t. V, p. 273 ; — FEZENSAC, *Souvenirs militaires*, p. 118 ; — METTERNICH, *Mémoires et Écrits divers*, t. I, p. 284 ; — comte CHAPTAL, *Mes Souvenirs sur Napoléon*, p. 214.

il ne les émancipe. Absorption regrettable, mais qui s'explique logiquement par la sujétion imposée à tous les éléments de l'armée et de la nation (1).

De jour en jour plus imbu de l'infaillibilité de son opinion, comment Napoléon aurait-il pu tenir compte des menus faits caractéristiques qui eussent éclairé quelqu'un ayant moins conscience de sa supériorité intellectuelle ? Ses succès toujours grandissants ne semblaient-ils pas donner raison aux pires divagations de son orgueil ? « Je suis d'un caractère bien singulier, disait-il un jour ; mais l'on ne serait point extraordinaire si l'on n'était d'une trempe à part. »

Napoléon ne croyait à la vérité que si elle s'accordait avec ses passions, ses intérêts, ses caprices. Il était convaincu que s'attacher à sa fortune et se soumettre à ses décisions était la seule voie à suivre pour un homme raisonnable. Aussi supportait-il mal la contradiction. N'allat-il pas jusqu'à dire : « C'est bien une preuve de la faiblesse de l'esprit humain que de croire pouvoir lutter contre moi (2) ! » Son frère Lucien rappelle, dans ses *Mémoires*, cette ridicule injonction que Napoléon prononçait le 18 brumaire : « Suivez-moi, suivez-moi. Je suis le dieu du jour ! »

L'orgueil de Napoléon devait forcément aboutir au mépris complet, non seulement de son adversaire (3), mais aussi et surtout de ses collaborateurs directs, de ses

---

(1) Voir comte CHAPTAL, *Mes Souvenirs sur Napoléon*, p. 248 et suiv.

(2) DE PRADT, *Ambassade*, p. 54.

(3) « L'habitude de mépriser les facultés et les moyens d'action de ses adversaires a été une des principales causes de sa chute. L'alliance de 1813 l'a tué parce qu'il n'a jamais pu se persuader qu'une coalition pourrait maintenir l'esprit d'union parmi ses membres et persévérer dans le but de son action. » (METTERNICH, *Mémoires*, t. I, p. 291.)

soldats comme de ses généraux, de ses ministres comme
de la nation elle-même. Ce mépris eut pour conséquence
logique des fautes irréparables. Sans doute, et c'est en
cela que se vérifie notre thèse, ces fautes sont à celles de
Beaulieu, de Brunswick, de Mack, comme l'excès est à
l'impuissance : elles n'en conduisent pas moins aux mêmes résultats.

Lorsque la victoire déserta ses étendards, Napoléon,
dans un moment de lucidité, jugea, mais un peu tard,
que « le trop d'habitude des grands succès préparait souvent de grands revers (1) ». Dans les pénibles journées
de la retraite de Russie, il comprit peut-être que cette
insolence des succès, qui avait perdu Charles XII en
l'entraînant vers le champ de bataille de Pultawa, l'avait
retenu lui-même à Moscou, figé dans son dédain exagéré
de l'ennemi. Mais si la compréhension de cette conséquence d'une fortune trop clémente hanta quelques ins-
tants son esprit, elle en avait certainement disparu à
Waterloo : n'est-ce pas ce même dédain de l'adversaire
qui, le 18 juin 1815, empêcha Napoléon de croire à l'arrivée de Blucher (2) ? Est-ce enfin la constatation de toutes
ces erreurs qui faisait dire à Napoléon dans ses derniers
moments : « J'ai voulu me coucher dans le lit des rois ;
j'y ai gagné la folie. » Il s'était, en effet, cabré contre la
force des choses ; il avait prétendu rompre les destinées,
prendre l'histoire à revers : l'entreprise l'a conduit de
Madrid à Moscou et de Moscou à Sainte-Hélène.

---

(1) Ph. DE SÉGUR, *Histoire de Napoléon et de la Grande Armée
de 1812*, t. II, p. 256.
(2) « Ce n'était point là une simple erreur de fait, mais bien
une erreur dans ce qu'il appelle lui-même le côté divin de l'art
de la guerre, c'est-à-dire dans l'appréciation du moral de son
adversaire et de l'état de l'armée ennemie. » (Yorck DE WARTEN-
BURG, *Napoléon chef d'armée*, t. II, p. 53.) — Voir *Ibid.*, t. II,
p. 395.

V

Napoléon recherche la jouissance du pouvoir.

Les historiens comme les philosophes se sont demandé quel a été le principal mobile des actions de Napoléon. « On ne peut pas dire qu'il ait vraiment aimé la gloire ; il n'a pas hésité à lui sacrifier toujours le succès (1). » Il l'avoue lui-même : « Pour moi, je n'ai qu'un besoin, c'est celui de réussir (2). » D'après l'Empereur, « la raison, la logique, un résultat doivent être les mobiles et le but constant de tout ici-bas ».

Après une telle apologie de l'utilitarisme, que pouvaient lui importer les moyens employés ? Ils étaient justifiés d'avance. On a pu dire, non sans vraisemblance, que « l'amour du pouvoir et de la suprématie l'absorba tout entier ; qu'aucune autre passion, aucune affection domestique, aucune amitié particulière, aucune sympathie humaine, aucune faiblesse humaine ne purent disputer son âme à la passion de la domination et au désir de manifester sa puissance avec éclat ; que, devant cette passion ou ce désir, honneur, amour, humanité tombaient comme frappés de prostration (3) ».

A peine entré dans la vie publique, Napoléon fut blasé par d'innombrables victoires ; il lui parut dès lors que, seule, la jouissance d'un pouvoir sans cesse grandissant était un but digne de ses efforts. C'est pourquoi toutes

---

(1) Mme DE RÉMUSAT, *Mémoires*, t. I, p. 106.
(2) Napoléon à Decrès, 22 août 1805.
(3) CHANNING, *Remarques sur les actes et le caractère de Napoléon*. — « Aucune autre passion que celle de la domination et des conquêtes ne pouvait maîtriser cette âme hautaine et belliqueuse. » (FOUCHÉ, *Mémoires*, t. II, p. 43.) — Voir également Mme DE RÉMUSAT, *Mémoires*, t. I, p. 110 et suiv.

ses actions sont mues par une ambition formidable, incapable d'attendre.

L'ambition est le moteur premier de son âme ; elle forme la substance permanente de sa volonté d'une façon si intime qu'il ne la distingue plus de lui-même ; parfois il cesse d'en avoir conscience. « Moi, disait-il à Rœderer, je n'ai pas d'ambition, ou, si j'en ai, elle m'est si naturelle, elle m'est tellement innée, elle est si bien attachée à mon existence qu'elle est comme le sang qui coule dans mes veines, comme l'air que je respire (1). » Il compare lui-même son ambition à ce sentiment irrésistible, qui fait vibrer l'âme depuis sa plus haute cime jusqu'à sa racine organique, à cet élancement aigu, tressaillement universel de l'être, à l'amour. « Je n'ai qu'une passion, qu'une maîtresse, c'est la France ; je couche avec elle ; elle ne m'a jamais manqué, elle me prodigue son sang, ses trésors (2). »

Napoléon a soif de jouissances, de pouvoir, d'autorité. A mesure qu'il obtient ce qu'il demande, il devient plus avide, plus impérieux.

Cette caractéristique de la personnalité de Napoléon ne fût d'ailleurs un secret pour aucun de ses contemporains. Sans doute, Augereau répondait à Mᵐᵉ de Staël, à propos d'une question sur les projets ambitieux du général en chef de l'armée d'Italie : « C'est impossible... C'est un jeune homme trop bien élevé pour cela. » Mais, dans les feuilles de notes de Bonaparte, on peut lire ces appréciations qui furent écrites par Monge, à sa sortie de l'Ecole militaire : « Capricieux, hautain, extrêmement porté à l'égoïsme ayant beaucoup d'amour-propre ; ambitieux et aspirant à tout (3). »

---

(1) Rœderer, *Mémoires*, t. III, p. 495, 8 mars 1804.
(2) *Ibid.*, p. 357, 11 février 1809.
(3) Voir Dʳ A. Fournier, *Napoléon Iᵉʳ* (traduction E. Jaeglé), t. I, p. 12 et 13.

M. de Sucy, un ami de Bonaparte, écrivait à M. de Josselin, le 4 août 1797 : « Je puis même ajouter que je ne lui connais pas de point d'arrêt autre que le trône ou l'échafaud. » On peut également s'intéresser à la lecture du rapport que le comte d'Antraygues adressait, en septembre 1797, à M. de Movikinof et où se trouvent ces paroles prophétiques : « Cet homme veut maîtriser la France et, par la France, l'Europe. Tout ce qui n'est pas cela lui paraît, même dans ses succès, ne lui offrir que des moyens (1). »

La tendance continuelle de vouloir surpasser tout le monde produira chez Napoléon une activité infatigable ; elle a mis l'Empereur en mesure de révéler des facultés naturelles puissantes et d'aboutir à des résultats qui ont bouleversé le monde. Mais cette ambition démesurée ne fut-elle pas mesquine ? Sans doute, Napoléon pensait aux siècles futurs. « L'avenir est à préparer pour l'homme qui a du courage », écrivait-il à Joseph, le 8 septembre 1795 (2). Il voulait avant tout laisser trace de son existence dans le livre de l'Histoire. Il ne sut pas y parvenir par des moyens généreux : nous le constaterons en détail lorsque nous étudierons son action politique. Rien ne pouvait arrêter Bonaparte tant que le but qu'il s'était assigné n'était pas atteint ; il ne le fut jamais.

Dans un tel état d'âme, quel pourrait être l'usage des forces morales ? Pourquoi Napoléon aurait-il travaillé

---

(1) « Mon appréciation sur le fond des projets et des plans de Napoléon n'a jamais varié. Le but monstrueux qui consiste dans l'asservissement du continent sous la domination d'un seul a été, est encore le sien. » (Metternich à l'empereur d'Autriche, 10 août 1809.) — « L'aspiration à la domination universelle est dans sa nature même ; elle peut être modifiée, contenue ; mais on ne parviendra jamais à l'étouffer. » (Metternich à l'empereur d'Autriche, 28 juillet 1810.)

(2) Voir *Mémoires* du roi JOSEPH, t. I, p. 38.

à leur développement dans la nation puisqu'il en niait l'action ? C'est, en effet, un besoin irrésistible de domination, et non pas quelque raisonnement, qui a toujours guidé Napoléon. « J'ambitionnais, disait-il à Sainte-Hélène, d'arbitrer un jour la grande cause des peuples et des rois. » Dès 1804, il avait précisé la même idée: « L'Empire français deviendra la mère-patrie des autres souverainetés. Je veux que chacun des rois de l'Europe soit forcé de bâtir à Paris un grand palais à son usage ; et, lors du couronnement de l'Empereur des Français, ces rois viendront à Paris et orneront de leur présence et salueront de leurs hommages cette imposante cérémonie (1). » Ne lit-on pas dans le *Mémorial de Sainte-Hélène* cette autre opinion de Napoléon : « Paris serait devenu la capitale du monde chrétien et j'aurais dirigé le monde religieux ainsi que le monde politique (2). »

Ce même mobile lui fit accomplir la révolution des Cent-Jours, dont la facilité peut étonner ceux qui en examinent superficiellement les causes. On a dit que le retour de l'île d'Elbe avait été l'effet d'une décision mûrie et basée sur un examen approfondi de la situation générale. Nous n'en croyons rien : ce fut surtout, si l'on veut nous passer l'expression, la nostalgie de l'autorité, un accès fatal de la passion de Napoléon pour le pouvoir.

Les Mémoires laissés par les contemporains sont unanimes à constater que rien ne pouvait satisfaire l'immense amour du pouvoir dont était possédé Napoléon. Par un phénomène étrange, lorsque lui-même posséda honneurs, fortune, gloire, il voulut prolonger sa personnalité dans chacun des membres de sa famille. « Nos victoires et la grandeur de la France ne suffisent plus à l'ambition de Napoléon ; il faut maintenant d'autres satisfactions à son

---

(1) Mᵐᵉ DE RÉMUSAT, *Mémoires*, t. I, p. 407.
(2) Voir METTERNICH, *Mémoires et Ecrits divers*, t. I, p. 106.

orgueil et aux prétentions des membres de cette famille
de parvenus devenus insatiables. Il faut leur tailler des
royaumes dans les conquêtes faites de notre sang (1). »

Dans de telles conditions, que viendraient faire l'honnêteté, le patriotisme, la justice, le dévouement à la cause
publique ? Le premier Empire fut la négation de ces
principes sociaux, sources fécondes de force morale. Son
fondateur avait d'ailleurs donné la mesure et la valeur de
sa règle de conduite lorsque, en 1790, il écrivait « qu'un
ambitieux n'a pas de foi et qu'il ne compte son existence
que par sa domination (2) ».

Napoléon Bonaparte, visant à l'empire du monde (3),
n'avait rien obtenu tant qu'il lui restait un adversaire à
vaincre. Il ne pouvait atteindre son but colossal qu'au
prix d'efforts énormes. Il ne vit pour les exiger d'autres
moyens que d'exciter toutes les passions de ses soldats
et de leur permettre de les assouvir. Pour conquérir le
monde, il les convia à la curée. La conclusion ne s'impo-
se-t-elle pas ? La valeur morale de chaque soldat ne pouvait entrer en ligne de compte. Aussi constate-t-on que les
hommes, de moins en moins, ont place dans les calculs
du conquérant, non seulement parce que le sort des
vaincus le laisse de plus en plus indifférent, mais encore
parce qu'il considère son propre instrument, son armée,
comme une simple massue dont la valeur intrinsèque
importe peu. Le forgeron demande-t-il à son marteau
autre chose que solidité et poids matériels ?

---

(1) NOËL, *Souvenirs militaires d'un Officier du premier Empire*,
p. 41. — « Notre métier, disait Bernadotte de son côté, est de
placer au prix de notre sang des couronnes sur la tête de Napoléon, de messieurs ses frères, de mesdames ses sœurs et d'en dé-
tacher quelques fleurons pour payer la commission. »
(2) *Mémoires pour faire connaître le véritable état d'esprit politique et militaire de la Corse au mois de décembre 1790.*
(3) « J'ai voulu l'empire du monde, et qui ne l'aurait pas
voulu à ma place ? » (Benjamin CONSTANT, *Mémoires sur les Cent-
Jours*, t. II, p. 24, 2e lettre.)

Tous ses collaborateurs sentirent bientôt que Napoléon les conduisait, conduisait la France vers l'abîme avec une vitesse vertigineuse. Les avertissements ne lui manquèrent pas. Lannes mourant le supplie, dit-on, de remonter la pente fatale au pied de laquelle il ne trouvera que la ruine. « Ton ambition est insatiable, lui dit-il, elle te perdra. Tu sacrifies sans ménagements, sans nécessité les hommes qui te servent le mieux et, quand ils meurent, tu ne les regrettes pas. Tu n'as autour de toi que des flatteurs ; je ne vois pas un ami qui ose te dire la vérité. On te trahira, on t'abandonnera ; hâte-toi de finir cette guerre ; c'est le vœu général. Tu ne seras jamais plus puissant, mais tu peux être bien plus aimé. »

La minorité qui, en France, observait froidement la marche des événements et calculait où elle allait aboutir, trembla. « Le malheureux se perdra, nous perdra nous-mêmes, perdra tout ! » s'écrie tout haut Regnault de Saint-Jean-d'Angély. Decrès, un de ceux qui étaient le plus attachés à l'Empereur, ne disait-il pas après Wagram : « L'Empereur est fou, tout à fait fou, et nous jettera tous, tant que nous sommes, cul par-dessus tête, et tout cela finira par une épouvantable catastrophe (1). »

Napoléon pousse, en effet, la France vers l'abîme par un abus de confiance qui va croissant à mesure que, par sa volonté et par sa faute, d'année en année, entre ses intérêts tel qu'il les comprend et l'intérêt public, le désaccord devient plus grand.

L'Empereur était entraîné par l'impulsion irrésistible de sa nature de conquérant. C'est ce qui explique pourquoi il a toujours été plus embarrassé de ses victoires qu'il ne l'avait été des coalitions dirigées contre lui. « A coups de batailles, il continuera l'œuvre commencée ; chaque campagne heureuse ne lui servira qu'à éloigner

_____

(1) MARMONT, *Mémoires*, t. III, p. 337.
Influence de Napoléon.   3

ses avant-postes insuffisants, à dilater démesurément l'enceinte artificielle de la France, comme ces peuples qui conquièrent leur pays sur l'Océan, poussent toujours plus loin leurs digues, les amincissant en les étendant, les exposant aux tempêtes de haute mer et, en réalité, n'ouvrent qu'un champ plus large à l'inondation lorsque, par un coup d'ouragan, les digues se rompront. A mesure qu'il avance dans la domination de l'Europe, Napoléon soulève et emporte un poids d'Europe plus lourd qui, si la main lui manque, si les reins défaillent au colosse, retombera plus haut et plus lourdement sur la France (1). »

Aucun sentiment n'était capable d'arrêter Napoléon, fût-ce quelques jours, sur la pente de l'arbitraire où son génie semblait le remorquer (2). Il ressemble à un pilote qui, par un coup d'audace et sous une inspiration soudaine, ayant franchi la passe dans l'ouragan et sauvé le vaisseau, ne croirait plus pouvoir gouverner que sur la mer en furie et qui, au lieu de prendre le vent, d'observer les courants et de regarder les astres, s'en irait à la dérive, montrant le poing au ciel, évoquant les tourbillons et la tempête (3). « Ces grands efforts d'esprit, où l'âme touche quelquefois, sont choses où elle ne tient pas ; elle y saute seulement. » (PASCAL.)

On a dit que Napoléon sentait « qu'il avait charge d'âmes vis-à-vis de la Providence (4) ». Cette charge, on en conviendra, ne lui a guère pesé lorsque son intérêt

---

(1) A. SOREL, *De Boulogne à Austerlitz* (*Revue des Deux Mondes*, 15 septembre 1903). — Voir A. VANDAL, *Napoléon et Alexandre Iᵉʳ*, t. I, Avant-propos, p. IX.

(2) « L'histoire de Napoléon se résume en ceci : à mesure que s'accroît sa destinée, il gagne en ambition ce qu'il perd en prévoyance et en capacité, par conséquent en véritable force. » (Général baron THIÉBAULT, *Mémoires*, t. V, p. 342.)

(3) Voir METTERNICH, *Mémoires et Ecrits divers*, t. I, p. 149.

(4) A. GUILLOIS, *Napoléon : l'homme, le politique, l'orateur*, t. I, p. 140.

lui commandait de s'en dégager. Pour expliquer un tel phénomène de contradiction entre les actes et les pensées, l'écrivain est obligé d'avouer que Bonaparte ne s'en est pas rendu compte lui-même : le sens de cette responsabilité serait chez lui comme le résultat d'un instinct de génie. Avec de pareils procédés d'analyse, on peut arriver à toutes les conclusions, même aux plus chimériques : elles sont justifiées d'avance par le caractère extraordinaire, surhumain du personnage. Mais à qui fera-t-on croire qu'elles aient quelque valeur historique ?

VI

Napoléon et son étoile.

Napoléon conserva toujours une foi inébranlable dans sa destinée. « Tout me fait braver la mort et le destin, écrit-il à Joseph, en 1705, et, si cela continue, moi aussi je finirai par ne plus me détourner lorsque passe une voiture. » Lui-même prend plaisir à faire remarquer que son caractère est de marcher droit à son but, sans qu'aucune considération puisse l'arrêter. « Je me sens poussé vers un but que je ne connais pas, dit-il le 20 mai 1810 ; quand je l'aurai atteint, dès que je n'y serai plus utile, alors un atome suffira pour m'abattre, mais, jusque-là, tous les efforts humains ne pourront rien contre moi (1) ».

Ce fatalisme mystique, que Napoléon place à la base de sa destinée, justifie tous ses actes à ses propres yeux. N'est-ce pas le sens qu'il faut donner à ces paroles prononcées au bivouac d'Austerlitz, le 1er décembre 1805 :

---

(1) Ph. DE SÉGUR, *Histoire de Napoléon et de la Grande Armée de 1812*, t. I, p. 60. — Voir lord ROSEBERY, *Napoléon; La dernière phase.*

« La politique doit renfermer la fatalité, cette fatalité qui rend OEdipe criminel sans qu'il ait cessé d'être innocent, cette fatalité qui nous intéresse à Phèdre en chargeant les dieux d'une partie de ses faiblesses. »

Napoléon poussa ce sentiment de sa destinée aux plus extrêmes limites. Il « savait attendre, se supposant hors de question, et il traitait le destin d'égal à égal. Il paraissait dire au sort : tu n'oserais pas... Mi-partie lumière et ombre, Napoléon se sentait protégé dans le bien et toléré dans le mal. Il avait ou croyait avoir pour lui une connivence, on pourrait presque dire une complicité des événements équivalente à l'antique invulnérabilité ». (Victor Hugo.)

On ne peut mieux mettre en lumière cette particularité du caractère de Napoléon qu'en citant l'anecdote suivante, que rapporte Philippe de Ségur. « Vers la fin de 1811, le cardinal Fesch, jusque-là étranger à la politique, la mêla à ses controverses religieuses ; il conjura Napoléon de ne pas s'attaquer aux hommes, aux éléments, aux religions, à la terre et au ciel à la fois ; et il lui montra la crainte de le voir succomber. Pour toute réponse à cette vive attaque, Napoléon le prit par la main, le conduisit à sa fenêtre, l'ouvrit et lui dit : — Voyez-vous là-haut cette étoile ? — Non, sire. — Regardez bien. — Sire, je ne la vois pas. — Eh bien, moi, je la vois ! » s'écria Napoléon. Le cardinal, saisi d'étonnement, se tut, s'imaginant qu'il n'y avait plus de voix humaine assez forte pour se faire entendre d'une ambition si colossale qu'elle atteignait déjà les cieux (1). »

Napoléon refusait sèchement d'écouter le moindre avis

---

(1) Voir MARMONT, *Mémoires*, t. III, p. 310 ; — RAPP, *Mémoires*, p. 23 ; — comte CHAPTAL, *Mes Souvenirs sur Napoléon*, p. 235.

susceptible de troubler un instant le cours de ses résolutions fatalistes. « Je suis, disait l'Empereur, une parcelle de rocher lancée dans l'espace. » Poésie, rêve, imagination, conscience de son génie, puissance fatale de son rôle, défauts et qualités de son immense esprit, tout est dans ce mot.

Aux imputations, aux accusations, à la jalousie, il répondait : « Ma récompense est dans ma conscience et l'opinion de la postérité. » Il lui semblait posséder la force ; il lui semblait dominer le monde dans des conditions telles qu'il pouvait négliger la coalition des éléments matériels ou des puissances morales.

Quand, le 28 novembre 1811, Davoust lui communique des rapports sur l'état menaçant des esprits en Allemagne, Napoléon fait cette réponse significative : « Je vous prie de ne pas me remettre de pareilles rapsodies sous les yeux. Mon temps est trop précieux pour que je le perde à m'occuper de pareilles fadaises... Tout cela ne sert qu'à me faire perdre mon temps et à salir mon imagination par des tableaux et des suppositions absurdes (1). » Il n'est pas sans intérêt de s'arrêter également à la curieuse lettre que Jérôme adressait à son impérial frère, le 5 décembre 1811, sur le même sujet. « La fermentation est au plus haut point, les plus folles espérances sont entretenues et caressées avec enthousiasme. On se propose l'exemple de l'Espagne et, si la guerre, vient à éclater, toutes les contrées entre le Rhin et l'Oder seront le foyer d'une vaste et active insurrection. » C'était précis. L'Empereur lui répond : « Quand vous aurez des faits à m'apprendre, j'en recevrai la communication avec plaisir. Quand, au contraire, vous voudrez me faire des tableaux, je vous prie de me les épargner. En m'appre-

(1) Paris, 2 décembre 1811.

nant que votre administration est mauvaise, vous ne m'apprenez rien de nouveau. »

VII

Le caractère de Napoléon ne comporte pas l'emploi des forces morales.

Il ne semble pas nécessaire d'entrer dans de plus longs développements pour être logiquement autorisé à conclure à l'*incompatibilité entre le caractère de Napoléon et l'emploi des forces morales*. Sans insister autrement sur cette constatation, remarquons comment se vérifie cette grande loi historique de *la corrélation très réelle entre l'affaiblissement moral et l'affaiblissement social*. L'histoire de l'humanité nous apprend en effet que les peuples qui s'abandonnent à leurs passions sont aussitôt punis. « Tout crime porte en soi-même une incapacité radicale et un germe de malheur (1). »

Ce qui est vrai pour les nations est aussi vrai pour les individus. Le destin fatal de chacun vient de ses passions et celles-ci naissent de sa situation particulière. Le critique a le droit de regretter que celui qui a dit : « La modération est la première loi de notre machine physique et morale, » (15 août 1805) n'ait pas mieux mis d'accord ses paroles avec ses actes.

La fin principale de Napoléon fut-elle autre que la satisfaction de ses désirs, la réalisation de ses idées et de ses chimères, l'extension continuelle, énorme, incommensurable de son moi (2), dont il fit le centre et la mesure

---

(1) CHATEAUBRIAND, *Mémoires d'outre-tombe*, t. II, p. 457.
(2) « J'ai le droit de répondre à toutes vos plaintes par un éternel moi », dit-il à Joséphine. — Voir Mᵐᵉ DE RÉMUSAT, *Mémoires*, t. I, p. 114, 122, 206, et t. II, p. 110 et 112.

do tout ? Tout compte fait, on peut dire que Napoléon fut *un génie puissant, mais d'essor égoïste, ambitieux et démesuré*. A son char de feu il attela la raison et le calcul ; il en confia les rênes à son imagination en délire ; sur la foi de son étoile, croyant s'être rendu maître du réel, il s'élança vers l'impossible : il s'y brisa.

CHAPITRE II

LE GÉNÉRAL

SOMMAIRE : I. Napoléon a aimé la guerre. — II. Le nombre à la guerre; emploi de la masse. — III. Motifs qui, selon Napoléon, expliquent les actes des hommes en général, des militaires en particulier. — IV. Sentiments que Napoléon veut développer chez ses soldats. — V. La corruption et la satisfaction des appétits dans les armées du premier Empire. — VI. Le sentiment de l'honneur et le prestige du galon. — VII. Les qualités militaires de Napoléon ont assuré des succès prodigieux, mais momentanés; elles ont été impuissantes à organiser quelque chose de résistant.

L'étude du caractère de l'homme, dans Napoléon Bonaparte, a montré qu'il était impossible à ce génie de tenir compte de la personnalité humaine, par suite, de la valeur morale individuelle. Il s'agit de rechercher si la façon dont il comprenait la guerre comportait le développement, l'utilisation des forces morales du soldat.

I

Napoléon a aimé la guerre.

Dans de multiples passages de ses écrits, dans de nombreuses conversations rapportées par les contemporains, Napoléon se défend d'avoir aimé la guerre (1).

_____

(1) Voir LAS-CAZES, *Mémorial de Sainte-Hélène*, t. III, p. 239-241.

Aurait-il donc senti que la gloire dont il a saturé la France pendant quinze ans ne pouvait faire oublier les dernières et inutiles effusions de sang qui marquèrent cette période de notre histoire ?

Sans doute, Napoléon a gémi sur les horreurs des luttes qui ont ensanglanté l'Europe au commencement du xixᵉ siècle. Napoléon, ainsi que le fait remarquer le général Foy, ne se donna pas d'abord à connaître tout entier : quoique passionné pour la guerre, il offrit la paix à l'Europe. Le 31 mars 1797, il écrivait à l'archiduc Charles : « Quant à moi, Monsieur le Général en chef, si l'ouverture que j'ai l'honneur de vous faire peut sauver la vie à un seul homme, je m'estimerai plus fier de la couronne civique que je me trouverai avoir méritée que de la triste gloire qui peut revenir des succès militaires. »

Le 16 juin 1800, au lendemain de Marengo, Bonaparte écrivait à l'empereur d'Autriche : « Donnons le repos et la tranquillité à la génération actuelle. Si les générations futures sont assez folles pour se battre, eh bien ! elles apprendront, après quelques années de guerre, à devenir sages et à vivre en paix. Je, me suis contenté d'une suspension d'armes, ayant l'espoir que ce serait un premier pas pour le repos du monde, objet qui me tient d'autant plus à cœur, qu'élevé et nourri par la guerre, on pourrait me soupçonner d'être plus accoutumé aux maux qu'elle entraîne. »

Ce sont des pensées du même genre que l'Empereur adressait au roi de Prusse, le 26 février 1807 : « J'aurais horreur de moi d'être la cause de l'effusion de tant de sang ; mais, si l'Angleterre croit cette effusion de sang utile à ses projets et à son monopole, qu'y puis-je (1) ? »

---

(1) Voir *Correspondance*, t. VI, p. 36 ; t. X, p. 100 ; t. XI, p. 130 ; t. XVI, p. 472 ; t. XVII, p. 547 ; t. XVIII, p. 496.

Il n'est pas sans intérêt de noter avec quelle insistance Napoléon se défend d'aimer la guerre et d'y pousser ses adversaires. Mais ses actes démentent ses paroles. Il fit la guerre avec volupté ; il l'aima comme on aime une maîtresse au printemps de sa vie. « Pour justifier aux autres et peut-être à lui-même le dérèglement de ses projets, il montrait la Révolution française incompatible avec les préjugés sur lesquels roule le monde depuis la chute de l'empire romain (1). » Sa mission, disait-il, « n'était pas seulement de gouverner la France, mais de lui soumettre le monde, sans quoi le monde l'aurait anéantie ». Napoléon en vint, sans jamais se l'avouer formellement, à pratiquer, au prix d'une épouvantable effusion de sang, l'art des batailles pour lui-même (2). « Vous n'êtes pas soldat, disait-il à Metternich, et vous ne savez pas ce qui se passe dans l'âme d'un soldat. J'ai grandi sur les champs de bataille, et un homme comme moi se f... de la vie d'un million d'hommes (3). »

Son goût personnel l'attirait vers les conflagrations des peuples. « Je ne suis pas de ceux qui ont cru et qui persistent à croire que mon frère Napoléon fit la guerre malgré lui à aucune époque que ce soit (4). J'ai trop connu à cet égard le fond de sa pensée, particulièrement au temps dont je parle (1805). Et disons franchement que cette pensée beaucoup plus ambitieuse que patriotique, qui lui faisait alors une nécessité personnelle de la guerre, m'avait été révélée presque sans mystère. »

En effet, pour Napoléon, homme politique, la guerre

---

(1) Général Foy, *Histoire de la guerre de la Péninsule*, t. I, p. 29.

(2) Voir Lord Rosebery, *Napoléon ; la dernière phase*, p. 297 ; — Chancelier Pasquier, *Mémoires*, t. I, p. 161.

(3) Metternich, *Mémoires et Écrits divers*, t. I, p. 151 ; — Voir *Souvenirs du feu duc de Broglie*, t. I, p. 230.

(4) *Mémoires de Lucien Bonaparte* ; cité par A. Fournier, traduction Jaeglé, *Napoléon Ier*, p. 12, note 1.

fut un moyen de domination (1). Ce n'est assurément pas
dans les écrits de Napoléon qu'il faut chercher les mobiles de sa conduite ; c'est dans les faits eux-mêmes,
dans les paroles prononcées au moment de l'action. Si
l'on considère la vie de Napoléon à ce point de vue,
il semble que l'on doit admettre, sans l'ombre d'un
doute, malgré l'affirmation de M. Arthur Lévy (2), que
Bonaparte aima la guerre, moins pour la gloire procurée
que pour les résultats attendus.

II

Le nombre à la guerre. — Emploi de la masse.

Serait-il téméraire d'avancer que Napoléon, précisant
les idées que Carnot avait émises, a donné un puissant
relief au facteur nombre, négligé par les méthodes de
guerre du xviiiᵉ siècle ? Serait-il faux d'affirmer qu'il
le préfère à cet autre facteur : la valeur tactique ? Comme
toutes les idées de génie, le concept napoléonien est
simple. Si l'on déchire ou simplement si l'on soulève le
voile qui, dans les batailles napoléoniennes, recouvre toutes les longueurs indispensables à une première orientation ou nécessaires à l'exécution d'un mouvement, d'une
manœuvre, l'on verra toujours l'attaque décisive des
masses entrer en scène avec toute sa furie et toutes ses
allures tragiques.

L'action de la masse, son emploi judicieux, voilà le
facteur par excellence de la stratégie et des succès de
Napoléon. « Vous savez que mon principe est de débou-
cher en masse », écrit-il à Eugène le 28 avril 1813. Il a

---

(1) Voir Marius Séret, *Napoléon*, p. 46 et 111.
(2) Arthur Lévy, *Napoléon et la paix*.

démontré d'une façon éclatante que la force d'une armée, comme la quantité de mouvement en mécanique, s'évalue par la masse multipliée par la vitesse (1) ». Il est le Maître, dans l'utilisation de ces éléments. Mais a-t-il développé en même temps, et dans les mêmes proportions, la valeur morale des individus, la seule dont nous ayons à nous occuper ? Evidemment non : le perfectionnement moral de l'homme, dans le soldat, n'entra jamais dans les idées d'instruction militaire de Napoléon Ier.

Lorsque, le 22 octobre 1709, il vit Moreau pour la première fois, la conversation roula sur l'art de la guerre.

« C'est toujours, dit Moreau, le grand nombre qui bat le petit.

— Vous avez raison, répliqua Napoléon, c'est toujours le grand nombre qui bat le petit (2). »

_____

(1) *Mémoires de Napoléon*, Observations, etc., t. I, p. 392.

(2) Il n'est pas sans intérêt d'opposer à cette opinion celle émise par Davout, lorsque, sur le champ de bataille d'Auerstædt, il disait : « Soldats, le grand Frédéric a dit que c'étaient les gros bataillons qui remportaient les victoires; il en a menti ; ce sont les plus entêtés. »

On nous pardonnera de citer, à ce propos, les observations suivantes :

« La science militaire juge la force des troupes par leur nombre. C'est Napoléon qui a dit que le Dieu des batailles est toujours du côté du plus grand nombre des bataillons.

» Une telle assertion fait reposer la force d'une armée, suivant la science militaire, sur cette théorie en mécanique qui, considérant des corps en mouvement et par rapport à leurs masses simplement, affirme que leur force de mouvement est égale ou inégale selon que leur masse est égale ou inégale. En guerre, le mouvement des troupes est le produit de la masse multiplié par une quantité inconnue x.

» La science militaire ayant découvert, en relevant un grand nombre d'exemples dans l'histoire, que les masses de corps de troupe ne correspondent pas à la force des armées, et que de petits détachements en ont vaincu de gros, admet confusément l'existence d'un facteur inconnu qu'elle cherche à s'expliquer tantôt par des combinaisons géométriques, tantôt par des différences dans l'armement, mais surtout — parce que cela lui semble plus simple — par des différences dans le génie des chefs.

» Mais c'est en vain que l'on attribue cette faculté au facteur en question ; les résultats ne sont pas en harmonie avec les faits historiques. Il faut renoncer à cette fausse idée, tant chérie des

Et il ajouta, en guise de commentaires :

« Lorsque, avec de moindres forces, j'étais en présence d'une grande armée, groupant avec rapidité la mienne, je tombais comme la foudre sur l'une de ses ailes et je la culbutais. Je profitais ensuite du désordre que cette manœuvre ne manquait jamais de mettre dans l'armée ennemie pour l'attaquer dans une autre partie, toujours avec toutes mes forces. Je la battais ainsi en détail ; et la victoire qui en était le résultat était, comme vous le voyez, le triomphe du grand nombre sur le plus petit (1). »

Notre but n'est pas de discuter en quoi que ce soit ces idées en nous plaçant sur le terrain de la stratégie ou de la tactique pures. Dans leur application magistrale, qui ne tient en rien compte de la valeur des hommes, simples machines, réside tout le secret de la manière de Napoléon. Sa simplicité est plus apparente que réelle. « Il y a en Europe, a-t-il dit lui-même, beaucoup de bons généraux, mais ils voient trop de choses à la fois ; moi, je n'en vois qu'une, ce sont les masses ; je tâche de les

---

créateurs de héros, que si les dispositions prises par les généraux ont été bien conçues et exécutées dans une guerre, c'est là l'*x* cherchée.

» L'*x* est l'esprit des troupes ; c'est le désir plus ou moins intense de tous les hommes qui en font partie, de se battre sans considérer s'ils sont sous les ordres d'un homme de génie ou sous les ordres d'un imbécile, s'ils se battent sur deux ou trois lignes, s'ils sont armés de massues ou de canons tirant trente coups à la minute.

» Les hommes prêts à se battre se placent toujours dans la position la plus avantageuse pour la lutte. Les hommes qui s'inquiètent plutôt de la victoire que de la possibilité de leur mort sont tenus d'être supérieurs à ceux qui préfèrent échapper sains et saufs. L'esprit de l'armée est le facteur qui, multiplié par la masse, donne pour produit le pouvoir. » (TOLSTOÏ, *La Psychologie de la guerre*.) »

(1) GOURN, *Mémoires*, t. I, p. 203 et suiv. — Commandant E. Picard, *Bonaparte et Moreau*, p. 11.

détruire, bien sûr que les accessoires tomberont ensuite d'eux-mêmes (1). »

Se rendit-il jamais compte que ces accessoires matériels et immatériels, mais avant tout moraux, peuvent se grouper, se concentrer ? C'est la coalition des accessoires, qui constituera la masse contre laquelle Napoléon ira se briser en Russie, qu'il ne pourra dissocier à Leipzig et qui le réduira à Waterloo.

III

Motifs qui, selon Napoléon, expliquent les actes des hommes en général, des militaires en particulier.

On peut dès lors comprendre pourquoi Napoléon ne vit jamais dans les hommes que des chiffres servant à ses calculs. Dans le duel sans trêve ni merci qu'il soutint toujours seul contre le monde entier, les gens ne pouvaient l'intéresser que par l'usage qu'il en faisait. Pour lui, toute leur valeur était dans le profit qu'il espérait en tirer ; son unique préoccupation consistait à exprimer, à extraire jusqu'à la dernière goutte, toute l'utilité qu'ils comportaient. Entre ses mains, les soldats ne furent que des pions qu'il fit manœuvrer sur l'échiquier de l'Europe.

Napoléon se douta-t-il jamais que le bois dont ces pions étaient faits perdit peu à peu de sa valeur ? Il y a loin des pions d'Arcole et de Rivoli, taillés dans le buis et l'ébène, à ceux de Leipzig, faits de bois tendre, et qui ne purent résister aux brusques et continuels mouvements que leur imprima la main puissante de l'incomparable stratégiste et du grand tacticien.

---

(1) BERTHEZÈNE, Souvenirs militaires, t. II, p. 309.

Napoléon « était persuadé que nul homme appelé à paraître sur la scène publique ou engagé seulement dans les poursuites actives de la vie, ne se conduisait et ne pouvait être conduit que par l'intérêt (1) ». Il ne crut jamais aux sentiments et aux idées qui animèrent les armées républicaines.

« Général Dumas, vous étiez de ces imbéciles qui croyaient à la liberté ?

— Oui, Sire, j'étais et je suis encore de ceux-là...

— Et vous avez travaillé à la Révolution comme les autres, par ambition?

— Non, Sire, et j'aurais bien mal calculé, car je suis précisément au même point où j'étais en 1790.

— Vous ne vous êtes pas bien rendu compte de vos motifs. Vous ne pouviez pas être différent des autres ; l'intérêt personnel est toujours là (2). »

Là-dessus, le système de Napoléon est fait. « Il ne croyait ni à la vertu ni à la probité ; il appelait souvent ces deux mots des abstractions ; c'est ce qui le rendait si défiant et si immoral... Il n'a jamais éprouvé un sentiment généreux ; c'est ce qui rendait sa société si sèche, c'est ce qui fait qu'il n'avait pas un ami. Il regardait les hommes comme une vile monnaie ou comme des instruments (3)... »

Ainsi Napoléon ne croyait à la sincérité des opinions de personne. Comme le dit Mme de Staël, « la seule espèce de créatures humaines qu'il ne comprenne pas bien, ce sont celles qui sont sincèrement attachées à une opinion, quelles qu'en puissent être les suites; Bonaparte considère de tels hommes comme des niais ou comme des

---

(1) METTERNICH, *Mémoires et Ecrits divers*, t. I, p. 281.
(2) Général Mathieu DUMAS, *Mémoires*, t. III, p. 363, 4 juillet 1809.
(3) Comte CHAPTAL, *Mes Souvenirs sur Napoléon*, p. 341 et 350.

marchands qui surfont, c'est-à-dire qui veulent se vendre trop cher ».

Il ne peut admettre le désintéressement prouvé, le souci constant du bien public, le respect d'autrui, l'autorité de la conscience, la loyauté, la bonne foi, bref les motifs beaux et purs, la noblesse morale. « Je ne l'ai jamais vu admirer, je ne l'ai jamais vu comprendre une belle action (1) », écrit Mme de Rémusat, qui nous donne, sur la clémence d'Auguste, dans *Cinna*, cette appréciation caractéristique de l'Empereur : « Je compris que cette action n'était que la feinte d'un tyran et j'ai approuvé comme calcul ce que je trouvais puéril comme sentiment (2). »

L'un de ceux auxquels Napoléon paraissait le plus attaché, était Duroc. « Il m'aime comme un chien aime son maître », dit-il. Il comparait le sentiment de Berthier pour sa personne à celui d'une bonne d'enfant. Ces comparaisons, loin d'être étrangères à sa théorie des mobiles qui font agir les hommes, en étaient une conséquence naturelle. Là où il rencontrait des sentiments auxquels il ne pouvait pas appliquer son calcul de pur intérêt, il en cherchait la source dans une espèce d'instinct.

IV

Sentiments que Napoléon veut développer chez ses soldats.

« Je n'ai jamais estimé les hommes et je les ai toujours traités comme ils le méritent (3) », aurait dit Napoléon. Ses soldats, ses généraux ne furent pas des collaborateurs,

---

(1) Mme DE RÉMUSAT, *Mémoires*, t. I, p. 105, 109.
(2) *Ibid.*, p. 279.
(3) Comte DE WALDBURG-TRUCHSEN, *Nouvelle Relation de l'itinéraire de Napoléon de Fontainebleau à l'île d'Elbe.*

dont il comprenait la valeur intellectuelle et morale, mais bien des instruments auxquels il ne demandait que de la vigueur physique. Pour l'Empereur, les lois morales n'existaient pas (1).

Un jour que la garde défilait devant Napoléon, un général allemand, désireux sans doute de faire sa cour, dit à l'Empereur :

« Voilà des troupes auxquelles il ne manque rien au moral.

— Oui, lui fut-il répondu, si on pouvait leur faire oublier qu'elles ont une patrie, des familles. »

Ces paroles sont assurément un éloge de l'armée impériale : le soldat suit son chef parce que celui-ci nourrit sa chimère de repos, son illusion de la paix. Par contre, ces mêmes paroles permettent de constater que l'idéal de Napoléon, c'est une armée de janissaires, une horde de mameluks, des cœurs de roche, dénués de toute humanité.

Propriétaire exploitant des hommes et des choses, des corps et des âmes, pour en user et en abuser à discrétion, jusqu'à épuisement, sans en devoir compte à personne, peu lui importe le zèle pour la patrie, qui fait la force de toute armée véritablement nationale. Il est aisé de se rendre compte, en effet, que, dès 1796, Napoléon Bonaparte combat, tout en le ménageant, l'esprit républicain de ses soldats ; il s'efforce d'isoler ceux-ci des populations. Son but est de substituer, à cet esprit de patriotisme éclairé et d'attachement aux idées de liberté, un esprit guerrier qu'il sait d'ailleurs développer en exaltant l'amour-propre de ses troupes, leur orgueil, leur confiance dans leurs qualités militaires incomparables, la certitude qu'elles sont supérieures aux soldats de toutes les autres armées. Le sentiment que l'Empereur cultive, c'est celui

---

(1) Voir Ph. DE SÉGUR, *Mémoires*, t. III, p. 312.

du dévouement le plus complet, non pas à la France, mais à lui-même (1).

Napoléon s'est donc, en général, peu soucié de la valeur individuelle des éléments de ses armées. Il compte avec les masses ; pour lui, c'est le nombre qui réclame ses droits. Bonaparte entraîna ses soldats à sa suite pendant quelque temps ; mais Napoléon put bientôt constater que, pour posséder l'âme d'une nation, il faut lui donner la sienne.

Les hommes sans cœur sont finalement abandonnés ; il en est de même des habiles qui jouent la comédie des sentiments. La nation cesse de les soutenir dès qu'elle s'aperçoit de son erreur ; de plus, elle les hait parce qu'elle a été trompée et bernée. Dans ces sortes d'affaires, un ensemble d'hommes a une sagacité, un flair beaucoup plus infaillible, parce qu'il est instinct, qu'on ne le suppose communément.

Sans doute, les soldats de Napoléon furent attachés à leur chef d'un lien puissant. Il est indéniable que l'action de l'Empereur sur ses armées fut réelle et énergique. Mais ce que l'on peut contester, c'est qu'elle ait été à base morale. Elle ne pouvait logiquement pas l'être. Dès les débuts de sa vie politique, Napoléon avait, de concert avec le Directoire, fait du soldat l'arbitre des affaires publiques. On ne pouvait tolérer qu'il en raisonnât : si ce fait s'était produit, au lieu d'obéir à l'aveugle, son raisonnement pouvait conclure contre le pouvoir. Esprits simples, dans l'incertitude du devoir, les soldats auraient pu suivre l'avis du peuple souverain, prononcé légalement, dans

---

(1) Voir commandant PICARD, *La préparation d'une campagne de Napoléon. La transformation de l'armée républicaine en armée impériale* (*Revue des Questions historiques*, août à octobre 1907).

les élections, par la majorité des citoyens. Il importait
donc que la République, que la nation, pour le soldat, ce
fût uniquement son chef ; il importait que la troupe fît
corps avec ses officiers et que ceux-ci fussent entièrement
à la merci du général en chef. C'est à obtenir ce double
résultat que tendirent tous les efforts de Bonaparte et plus
encore ceux de Napoléon.

V

La corruption et la satisfaction des appétits dans les armées du premier Empire.

La formule « Corrompre pour asservir » fut cynique-
ment mise en pratique sous le premier Empire. Pour Napoléon Ier, les subordonnés corrompus sont plus dévoués
que les honnêtes et les indépendants, car ils ont tout intérêt à soutenir celui qui les a acceptés et qui est leur
unique garantie.

« Un officier qui sollicite est dans la main », disait
l'un des grands chefs du personnel (1). Le fait est possible ; mais avait-on prévu les conséquences de ce principe d'autorité et de gouvernement ? Certes, il en vint
beaucoup s'incliner devant le répartiteur de toutes grâces ;
mais ceux-là mêmes qui coururent faire acte de servilisme
devaient être les premiers à abandonner l'Empereur à
l'heure de la débâcle. Les bons, les vaillants, incapables
de s'avilir dans des démarches obséquieuses où leur dignité
aurait sombré, assistaient attristés à toutes ces palinodies,

_____

(1) Voir Mme DE RÉMUSAT, _Mémoires_, t. I, p. 109, t. II, p. 247,
278 ; t. III, p. 275 ; — un article du _Moniteur_ du 24 décembre
1799, flétrissant la corruption ; — Général FOY, _Histoire de la
guerre de la Péninsule_, t. I, p. 69.

» Dès l'époque où Napoléon se fut emparé du pouvoir, les mœurs militaires s'altérèrent rapidement ; l'union des cœurs disparut avec la pauvreté, et le goût du bien-être matériel et des commodités de la vie pénétra dans nos camps... L'Empereur crut de sa politique de favoriser cette corruption. Il la regarda comme avantageuse à ses desseins et propre à mettre l'armée entière dans sa dépendance (1). »

La personnalité de Napoléon n'est pas en jeu ; nous accordons — ce qui est loin d'être prouvé — qu'il fut d'un désintéressement absolu. Nous dirons même, avec les contemporains, que si, autour de lui, on afficha un luxe scandaleux, lui-même, par une mise en scène dont on conçoit aisément les motifs, affecta une grande simplicité dans ses vêtements et dans sa manière de vivre.

Il n'en est pas moins avéré que le pillage était pour lui un principe : il l'appliquait couramment. La guerre, a-t-il dit, doit nourrir la guerre ; elle doit de plus enrichir le vainqueur. Des historiens, désireux de tenter une justification de cet axiome, ont émis une opinion bizarre : en autorisant le pillage, l'Empereur, dit-on, considérait que les richesses rapportées par les soldats dans la mère-patrie augmentent la richesse de la France et le patrimoine national. On ne sait ce qu'il faut penser en présence d'une telle apologie du vol : est-ce naïveté ou cynisme ? Il semble logique de croire que les largesses faites par Napoléon à tous ceux qui l'entouraient, que les fortunes, les titres distribués un peu au hasard, que toute cette débauche, en un mot, a le vol à sa base et l'indiscipline comme couronnement.

---

(1) BERTHEZÈNE, *Souvenirs militaires*, t. I, p. 328. — Voir DE BRACK, *Avant-postes de cavalerie*; — GOUVION-SAINT-CYR, *Mémoires*, p. 179; — BERTHEZÈNE, *Souvenirs militaires*, t. II, p. 302.

Ce n'est pas aux nobles sentiments de ses soldats que Napoléon s'adresse dans la plupart de ses proclamations. Ce n'est ni l'amour du prochain, ni celui de la patrie ; ce ne sont pas davantage les idées de liberté et d'humanité qu'il cherche à éveiller dans leur âme. Il ne met en jeu que l'intérêt personnel, il n'excite que la soif des richesses.

La proclamation du 27 mars 1796 est toute une révélation. « Je veux vous conduire dans les plus fertiles plaines du monde. De riches provinces, de grandes villes seront en votre pouvoir. Vous y trouverez honneur, gloire, richesses. » Au moment de s'embarquer pour l'Egypte, ne dit-il pas à ses troupes : « Je promets à chaque soldat qu'au retour de cette expédition il aura à sa disposition de quoi acheter six arpents de terre (1). »

Il ne s'agissait plus d'affranchir les peuples, mais de les exploiter. Par des procédés injustifiables au point de vue moral, Napoléon s'est évidemment attaché ses soldats pendant un certain temps. Mais la maraude devint peu à peu la grande plaie des armées impériales (2).

---

(1) « Le républicain qui ne connaît pas de maître, mais qui chérit ses devoirs et dont la discipline sévère consiste dans l'ardent amour de son pays, les observe partout ; il protège les faibles contre l'oppression des forts, fait respecter rigidement les propriétés, console les malheureux ; il fuit la volupté et l'ivresse ; elles dégradent l'âme. » (Hoche à ses soldats, au moment d'entrer en campagne contre les Vendéens.)

« Les propriétés des paisibles habitants des campagnes seront respectées ; vous ne souffrirez pas que des hommes, ennemis de votre gloire, de votre honneur, ternissent vos victoires par des actions indignes de l'humanité, se portent partout au pillage et ne présentent aux malheureux paysans que l'horrible spectacle de ces hordes du Nord qui, jadis, ne quittaient leurs îles que pour porter chez leurs voisins la flamme et tous les crimes qui accompagnent l'anarchie et la licence ; le soldat français traite en frères ceux qui ne sont point armés contre lui. » (Proclamation de Kléber, 25 mai 1796.)

(2) Voir Fezensac, *Souvenirs militaires*, p. 84, 85, 110, 224 ; — Mme de Rémusat, *Mémoires*, t. II, p. 210 ; — Général baron Thiébault, *Mémoires*, t. III, p. 429 ; — Berthezène, *Souvenirs militaires*, t. I, p. 3.

Elle fit éclore chez le soldat l'habitude de s'écarter des rangs pour extorquer sa nourriture à l'habitant et lui voler ce qu'il trouvait à sa convenance. Elle eut un résultat auquel on ne s'attendait guère ; elle fit naître des sentiments nuisibles au bien de l'armée : esprit de coterie, rivalités, basses jalousies, immonde floraison de la cupidité éveillée et encouragée (1). Cette soif de possession, entretenue avec soin, engendra bientôt le besoin de jouir. Ce besoin fut fatal à l'Empire.

On peut assurément invoquer les ordres donnés par Bonaparte prescrivant aux généraux de faire fusiller les pillards ; mais il faut bien constater qu'il ne put ni ne voulut arrêter à fond l'impulsion qu'il avait donnée : l'habitude de rançonner les contrées envahies s'était introduite dans tous les rangs des armées impériales, si rapidement dévoyées de la sévère moralité de l'armée de Sambre-et-Meuse ou de celle de Rhin-et-Moselle. Napoléon n'entendait pas laisser les soldats se débander pour la maraude ; mais il ferma trop souvent les yeux, par système, sur les déprédations des chefs militaires et des commissaires civils.

C'est, d'ailleurs, une manifestation de la grande équivoque que Napoléon mit toute sa vie dans ses paroles et dans ses actes. N'ayant aucune croyance, aucun principe, il fit appel tour à tour, ou tout à la fois, à toutes les croyances et à tous les principes contradictoires, en même temps qu'aux intérêts et aux passions.

Les témoignages des contemporains sont unanimes à constater les effets désastreux de l'application d'un tel principe de ravitaillement et de récompense. Dès la campagne d'Égypte, on remarque les prémices de ce mau-

---

(1) Voir général comte DE SAINT-CHAMANS, *Mémoires*, p. 50, 155, 158 ; — Mme DE RÉMUSAT, t. II, p. 207 et note 1.

vais esprit de l'armée. L'indiscipline des soldats, leur
tendance au pillage, les déprédations des fonctionnaires
font l'objet de multiples observations dans les *Mémoires*
de l'époque : « Nous pillons les villages, ruinons les
habitants et violons leurs femmes (1). »

Avec le développement du désir de lucre, décroissent
dans la même proportion les vertus militaires. En Italie,
officiers et soldats servaient avec enthousiasme et
voyaient avec joie la guerre se prolonger. En Egypte,
c'est tout le contraire. On avait vanté cette contrée comme
une Terre Promise ; la désillusion fut complète dès le
premier pas qu'on y fit : « C'est le pays de la misère »,
telle est la première constatation que fait un intéressé
qui, évidemment, avait espéré s'enrichir des dépouilles
des vaincus.

L'armée d'Austerlitz n'échappa nullement à cette cause
profonde de démoralisation (2). Ph. de Ségur raconte
qu'à une seule étape, à Braunau, il fallut faire rentrer
de force dans le rang plus de dix mille traînards qui
étaient en réalité des pillards. Avant Ulm, entre Gunz-
bourg et Pfaffenhoffen, la marche prenait l'aspect d'une
déroute en avant : « A droite et à gauche, nos soldats
couraient, à la débandade au travers des champs, les
uns cherchant des vivres, les autres chassant, avec leurs
cartouches, dans ces plaines giboyeuses. A leurs coups
de feu redoublés, au sifflement de leurs balles, on se
serait cru aux avant-postes et l'on y courait le même
danger. »

Pion des Loches écrit de son côté : « Je fus témoin
d'une grande colère du général Vandamme, un de nos
divisionnaires ; il fit fusiller, à la tête de sa division, un

---

(1) *Correspondance de l'armée française.*
(2) Voir Général baron POUGET, *Souvenirs de guerre*, p. 85 ; —
Général baron THIÉBAUT, *Mémoires*, t. III, p. 427 ; — M. DE
PERCY, *Journal*, année 1806.

traînard qui venait de rejoindre, son havresac plein d'argenterie volée. S'il avait usé de la même rigueur envers tous les voleurs de sa division, il ne lui serait pas resté assez d'hommes pour composer une escorte. »

Albert Sorel a résumé d'une manière fort nette son opinion sur la Grande Armée à la veille d'Austerlitz, lorsqu'il dit : « Armée admirable pour courir à la victoire, mais mûre déjà pour la déroute et le désastre, si c'est la défaite. »

Il y a dans ces paroles la constatation des signes du temps : il faut les montrer au moment où ils se font jour, à l'instant précis où ils percent à fleur du sol. C'est qu'en effet ils disparaissent après la victoire ; il faut donc les signaler en ces passages éphémères. Omettre de le faire serait rompre la suite des événements et faire de l'histoire une série de surprises sans explication.

L'influence des principes napoléoniens se fit sentir dans toute sa force dès 1809 (1). Les traînards, les isolés, les maraudeurs, flottent en cohues sur les flancs des colonnes, ravageant champs, vignes, villages, provinces (2),

---

(1) « Dans l'esprit du gouvernement et devant les nécessités de la situation, les préoccupations de quantité pour la formation des effectifs durent l'emporter sur les préoccupations de qualité ; on fit de grands efforts pour retenir sous les drapeaux les vieux soldats qui devinrent trop vieux et pour multiplier les jeunes soldats, qui furent, trop jeunes et à peine formés, acheminés vers les armées actives. On vit alors se produire de graves désordres, donnant lieu, le jour du combat, aux plus douloureux mécomptes. Toute armée de cent mille hommes, censée en ligne et disponible pour l'action, laissait derrière elle en cheminant une deuxième armée de vingt à vingt-cinq mille hommes, formée de vieux soldats usés et indisciplinés, de conscrits affaiblis qui ne rejoignaient plus, vivant sur l'habitant et constituant ce que nous appelons « l'armée des fricoteurs », mal désormais inévitable, incurable et qui allait s'aggravant chaque jour. » (BUGEAUD.)
(2) « Après Eylau, il y avait soixante mille absents, presque tous maraudeurs. » (Général de FÉZENSAC, Mémoires.)

Ces hommes, habitués à considérer le pillage, les jouissances, l'affranchissement de la discipline comme des
droits acquis par les dures fatigues de la guerre et les
sanglants combats, étaient devenus incapables de résister
à des revers de fortune. Que cette armée, habituée à
la victoire, soit un jour obligée à la retraite ; qu'au lieu
de trouver un pays riche à exploiter, elle ait à supporter
la faim, le froid, les privations de toutes sortes, elle se
débandera. La panique de Wagram n'est-elle pas un des
symptômes caractéristiques de l'état d'âme de l'armée
impériale (1) ?

Ces symptômes se préciseront brutalement en 1812.
Cette fois, pourtant, l'Empereur a mis plus de dix-huit
mois à préparer la guerre ; il y a employé une somme
d'attention surhumaine et tout l'effort de son génie orga-
nisateur : il n' put réagir contre le courant d'indiscipline
qu'il avait inconsciemment déchaîné.

Cette action dissolvante dont nous analysons les effets
avait beaucoup plus de prise encore sur les généraux que
sur les soldats (2). Napoléon ne l'ignorait pas (3). Il sentait évidemment que la cause du relâchement général de
la discipline, c'était la prédominance des intérêts particuliers sur l'intérêt général ; mais il ne lui était plus possible de remonter la pente qui le conduisait vers l'abîme.
La satisfaction des jouissances matérielles était la grande
préoccupation des chefs et des subordonnés. Dès 1810,
la confiance dans les chefs, l'entente mutuelle qui doit
exister entre eux et les soldats avaient disparu.

---

(1) Voir MARMONT, *Mémoires*, t. III, p. 241.
(2) Voir général comte DE SAINT-CHAMANS, *Mémoires*, p. 35 et
155 ; — lettre de Napoléon à Joseph, Saint-Cloud, 3 juin 1806 ;
— lettre de Napoléon à Eugène, Saint-Cloud, 9 août 1806 ; —
BERTHEZÈNE, *Souvenirs militaires*, t. I, p. 120 ; — DE PRADT,
Ambassade, etc., p. 73, 80, 142.
(3) Voir la lettre de Napoléon à Berthier, 8 juin 1811.

Il est du reste surprenant de constater que, dans la campagne de 1814, la correspondance de Napoléon abonde en réprimandes et en punitions infligées à ses maréchaux et généraux. L'Empereur comprenait, mais trop tard, les effets de toutes les infractions que, jadis, il dédaignait de relever et de redresser. Regrettant l'époque où tout marchait à peu près bien, grâce à la toute-puissance de son génie et à la supériorité morale des éléments de ses armées — brillante période où ses compagnons d'armes déployaient l'énergie bouillante de la jeunesse — il fait cette sortie caractéristique : « Il n'est plus question d'agir comme dans les derniers temps, mais il faut reprendre ses bottes et sa résolution de 93 (1). » Le pouvait-on ? A le suivre, son armée était devenue prétorienne : cette évolution avait été le signal d'une profonde altération des mœurs militaires.

« Si le bon ordre établi pendant la campagne de 1805 avait toujours régné par la suite dans l'armée française, nous serions encore les maîtres du monde ; mais des guerres continuelles, des fatigues et des privations au-dessus des forces humaines et une administration militaire composée de gens peu considérés et sans doute peu faits pour l'être, détruisirent bientôt dans nos armées cet ordre et cette discipline sans lesquels la bravoure n'est plus rien. » Est-ce assez constater l'importance des qualités morales dont nous préconisons le développement ?

Le même auteur ajoute, parlant du pillage de Lübeck, en 1806 : « Je me rappelle pourtant que Lameth, aide de camp comme moi du maréchal Soult et mon ami intime, était entré avec moi, pour en protéger les habitants, dans une maison où nous entendions de grands cris : nous trouvâmes plusieurs vieux grenadiers qui pillaient méthodiquement la maison et lutinaient deux jeunes femmes,

---

(1) Napoléon à Augereau, 21 février 1814.

jolies et élégantes, qui pleuraient et poussaient les cris
que nous avions entendus ; leur toilette fort en désordre
attestait le peu de retenue de nos soldats. Nous voulûmes
le prendre avec eux sur le haut ton, et, après les avoir
traités de brigands et de pillards, nous tirâmes nos sabres
pour leur en donner du plat et les mettre à la porte, comme c'était notre usage en pareille occasion ; mais, cette
fois, il n'en fut pas ainsi : ils tirèrent eux-mêmes leurs
briquets et, nous ayant rencognés dans un angle de porte,
ils paraissaient disposés à nous faire un mauvais parti,
quand Lamoth, qui voyait mieux que moi le danger où
nous étions, leur cria : « Malheureux, voulez-vous tuer
vos officiers ? — Non, répondit un vieux chenapan, mais
sortez d'ici et laissez-nous tranquilles ; la ville est à nous,
nous l'avons bien achetée (1)..... »

L'influence des appétits satisfaits sur les qualités militaires des chefs et des soldats fait l'objet de nombreuses
observations dans les Ecrits contemporains (2) : « Repus
de gloire, las de carnage, aspirant à jouir des avantages
acquis, ils détestent l'idée de rixe et de labeurs nouveaux. » (Albert VANDAL.)

L'augmentation des richesses et des honneurs tua l'enthousiasme. Personne ne se souciait plus de faire une
guerre où l'on courait de si tristes chances ; tous désiraient jouir tranquillement, dans les délices de la paix,
de leurs dignités et de leurs fortunes (3). « Je les ai faits
trop riches », disait Napoléon au lendemain de ses désastres. Il avait cru sans doute qu'il était possible de faire
au mal sa part et de l'arrêter après s'en être servi : c'était
une grande erreur. Il était trop tard pour s'en apercevoir.

---

(1) Général comte DE SAINT-CHAMANS, *Mémoires*, p. 30 et 44.
(2) Voir GOHIER, *Mémoires*, t. II, p. 239 ; — Chancelier PAS-
QUIER, *Mémoires*, t. I, p. 151 à 157 ; — Comte CHAPTAL, *Mes
Souvenirs sur Napoléon*, p. 340.
(3) Voir général FANTIN DES ODOARDS, *Journal*, p. 440.

VI

Le sentiment de l'honneur et le prestige du galon.

On pourrait soutenir, avec une apparence de vérité, que Napoléon a surtout cherché à créer dans ses armées le culte de l'honneur. On justifierait cette opinion par l'institution de l'ordre de la Légion d'honneur, la formation de la garde, la création d'une noblesse nouvelle et par les nombreux faits historiques qui dénotent, dans les armées impériales, une exaspération aiguë, comme une hyperesthésie du sens de l'honneur. Mais ne semble-t-il pas que Napoléon transforma le culte de l'estime glorieuse accordée à la vertu en un « concours de hauts faits. » ? (VANDAL.) Il connaît sans doute ces mots de Montesquieu : « La nature de l'honneur est de demander des préférences et des distinctions (1). »

L'examen approfondi de cette question permettrait de constater rapidement que ce sentiment, source réelle de force morale, fut plutôt le goût, la fureur de se distinguer, de briller, de primer sur les autres, passion qui, on en conviendra, est loin de se confondre avec l'honneur véritable.

D'ailleurs, oserait-on affirmer que le développement de cet honneur des armes, honneur tout militaire qui n'entraîne pas forcément l'honnêteté, pouvait remplacer, au point de vue moral, dans les armées conquérantes, la vertu des premiers temps de la guerre d'indépendance (2) ?

(1) Voir FAURIEL, *Les derniers jours du Consulat*, p. 49; — REMACLE, *Bonaparte et les Bourbons*, p. 19, 74, 85; — *Mémoires secrets sur Lucien Bonaparte*, t. I, p. 160 et 161.
(2) « Avec l'homme d'honneur, avec celui qui tient purement et simplement sa parole et ses engagements, on sait sur qui compter; tandis qu'avec l'autre, avec l'homme de conscience, qui fait ce qu'il croit être le mieux, on dépend de ses lumières et de ses jugements. » Napoléon, à l'appui de ces paroles, citait comme

Il est un côté spécial du caractère français par lequel Napoléon sut exercer une réelle action sur ses soldats : c'est la passion pour tout ce qui brille et reluit, ce goût des couleurs voyantes et variées que Michelet signale déjà chez nos vieux ancêtres gaulois, ce prestige du galon, que l'on peut combattre, mais difficilement détruire.

Un des hommes qui connaissent le mieux l'histoire de l'épopée napoléonienne a bien caractérisé le parti que l'Empereur a su tirer de ce penchant. « Napoléon multiplie pour son armée les prestiges de l'uniforme : il le veut beau, chatoyant, divers, haut en couleurs, chargé d'or et d'argent. Et voici s'accumuler toutes les parures et tous les colifichets militaires, pelisses en sautoir, fourrures, dolmans chamarrés de brandebourgs, passementeries, ganses, soutaches, hongroises, tresses, sabretaches ; voici l'infinie variété des parements, passe-poils, housses, chabraques, porte-manteaux ; voici le dandinement superbe et la houle écarlate des panaches. Même, comme toutes choses en ce temps, l'uniforme est excessif et démesuré : ce ne sont que colbacks et shakos trop lourds, évasés par le haut, bonnets à poils formidables, casques à ondoyante crinière, cimiers romains, bottes de géants, gants de crispin, aigrettes monstrueuses, plumets mirobolants. Il se fit en ce temps une consommation de panaches effrayante. Pendant la seule campagne de Prusse, Murat fit venir de Paris pour 27.000 francs de plumes. Un tambour-major, qui mesurait naturellement 1^m,90 de haut, s'élevait jusqu'à 2^m,50 avec le plumage qui surgissait et s'ébouriffait sur sa tête (1). »

exemple son beau-père, l'empereur François, qui le trahissait pour suivre un parti qu'il croyait avantageux à l'Autriche. « C'est un honnête homme, un homme de conscience, disait-il, mais ce n'est point un homme d'honneur. »

(1) Albert VANDAL, *L'armée du premier Empire dans ses rapports avec la société civile.*

VII

Les qualités militaires de Napoléon ont assuré des succès prodigieux mais momentanés; elles ont été impuissantes à organiser quelque chose de résistant.

Lorsque l'on groupe, dans un examen synthétique, les éléments psychologiques qui, dans Napoléon Bonaparte, constituent le général, on est étonné de la somme énorme de qualités que l'on rencontre. Mais, quelle que soit l'étonnante fécondité d'invention à la fois poétique et pratique avec laquelle il pare ses hécatombes matérielles et morales de tout l'éclat de l'émulation et de la gloire, l'on ne peut se défendre d'évoquer cette pensée précise de La Rochefoucauld : « Il ne suffit pas d'avoir de grandes qualités, il faut encore en avoir l'économie. »

Cette économie manqua à Napoléon. Il ne voulut voir que le côté matériel des événements et des faits. *Il dédaigna ou méconnut les éléments moraux qui font la valeur d'une armée comme la force d'un pays.* Par la disposition particulière de son esprit, le général, dans Napoléon, ne se douta jamais que *la force réelle d'une troupe est faite de la puissance intellectuelle et morale de chacune des individualités qui la composent.*

Aussi, malgré son incomparable génie en tout ce qui se rapporte à la guerre, l'action et l'influence de Napoléon dans l'organisation et l'application des forces militaires de la France ont été désastreuses pour notre pays et notre époque (1). L'exigeante et bouillante fantaisie du

---

(1) « Le premier Empire, livré à d'incessantes et difficiles entreprises de guerre, avait formé de puissantes armées. Il n'avait pas fondé d'institutions militaires, qui sont exclusivement le fruit de la méditation et du travail des longues paix. » (Général Trochu.)

l'Empereur, réclamant des soldats comme un poète cherche
des rimes, ne s'accordait nullement avec l'intérêt public.
Il ne faudrait d'ailleurs pas attribuer la longue suite de
ses succès à la puissance organique des masses que Napoléon a mises en mouvement. « L'œil le plus exercé, dit
le général Foy, aurait peine à y découvrir autre chose que
des éléments de désordre (1). »

L'extravagant abus que Napoléon fit du principe du
service obligatoire, outre les odieux effets qu'on en vit
sortir sous sa main même, a produit, de conséquence en
conséquence, par voie de réaction et par voie d'imitation, l'effrayant spectacle que la France et l'Europe, en
pleine paix se donnent à elles-mêmes, plus de cent ans
après la Déclaration des Droits de l'homme

_____

(1) Voir GOUVION-SAINT-CYR, *Mémoires*, Conclusion.

CHAPITRE III

LE POLITIQUE

Le caractère des tendances militaires de l'esprit de Na-poléon ne peut faire de doute pour personne. Il est dès lors du plus haut intérêt, au point de vue philosophique et social, de chercher comment le grand capitaine a compris le rôle de l'homme d'État. Cette connaissance généralisée nous indiquera si Bonaparte, homme politique, pouvait avoir le désir de faire passer dans la pratique les idées qu'il émettait le 18 Brumaire lorsqu'il interpellait un émis-saire de Barras en ces termes : « Nous voulons la Répu-blique assise sur les bases de l'égalité, de la morale, de la liberté civile et de la tolérance politique. »

I

Pouvoir civil et pouvoir militaire.

Napoléon, comme la plupart des généraux de la Révo-lution, subordonnait entièrement le pouvoir militaire au pouvoir civil (1). Il préférait être considéré comme exer-

_____

(1) « Sachez que, fils aînés de la Révolution, nous abhorrons nous-mêmes le gouvernement militaire proprement dit... La na-

çant son autorité de l'assentiment du pays que par la force de son sabre. « Ce n'est pas comme général que je gouverne, mais parce que la nation croit que j'ai les qualités civiles propres au gouvernement ; si elle n'avait pas cette opinion, le gouvernement ne se soutiendrait pas (1). »

Napoléon Bonaparte ne semble pas avoir compris qu'il prononçait sa propre condamnation lorsqu'il disait : « A la longue, le sabre est toujours battu par l'esprit », et qu'il ajoutait : « Les qualités militaires ne sont nécessaires que dans quelques circonstances ; les vertus civiles, qui caractérisent le vrai magistrat, ont une influence de tous les moments sur la félicité publique (2). »

Il est presque inutile de dire combien Napoléon était jaloux de cette autorité civile qu'il avait la prétention d'exercer aussi bien que l'autorité militaire.

L'Empereur tenait avant tout à illusionner les autres sur l'emploi qu'il faisait de sa puissance prétorienne. « Croyez-vous que le soldat préfère comme chef l'homme le plus grand, le plus imposant par sa stature, même le plus brave? Non, il mettra bien au-dessus du brave celui qu'il croit le plus intelligent. La France est un trop noble

---

ture de l'homme, du militaire surtout, a une tendance si évidente à dominer, qu'on ne saurait y apporter trop d'entraves. » (Proclamation de Hoche aux Vendéens.)

(1) Discours au Conseil d'Etat, 1802. — Voir THIBAUDEAU, Mémoires sur le Consulat, p. 79; — Général baron THIÉBAUT, Mémoires, t. III, p. 60; — Correspondance, 10 août 1806, 14 mai 1808. — « La valeur militaire ne suffit pas pour donner le droit de gouverner. Un militaire qui n'aurait pas les talents civils ne pourrait être qu'un tyran. » Journal du comte ROEDERER, publié par M. Vitrac.

(2) « Le commandement est aujourd'hui chose civile. Le soldat veut que son général soit le plus sage et l'un des plus braves. C'est par les qualités civiles que l'on commande. Une qualité d'un général, c'est le calcul : c'est une qualité civile; — c'est la connaissance des hommes : qualité civile; — c'est l'éloquence, non celle des légistes, mais l'éloquence qui électrise : qualité civile... » Journal du comte P.-L. ROEDERER.

pays, trop intelligent pour se soumettre à la puissance matérielle et pour inaugurer chez elle le culte de la force. Honorons l'intelligence, la vertu, les qualités civiles en un mot, dans toutes les professions. » « Premier consul, je gouverne, mais ce n'est pas comme militaire, c'est comme magistrat civil. »

Napoléon veut répandre la conviction que son action est avant tout civile. Ce qui ne l'empêche pas d'affirmer au comte Rœderer : « Militaire, moi, je le suis, parce que c'est le don particulier que j'ai reçu en naissant ; c'est mon existence, c'est mon habitude. » (11 février 1800.)

Notons qu'il s'est peu soucié, dans la pratique, de cette prépondérance, qu'il proclame, de l'autorité civile. Il ne s'est guère préoccupé de l'assurer dans son gouvernement. Empereur ou consul, ce fut toujours ce même homme qui, à Saint-Cloud, le lendemain du 18 Brumaire, terminait par ces mots sa harangue incohérente au Conseil des Anciens : « Souvenez-vous que je suis accompagné du dieu de la guerre et du dieu de la fortune... »

Il serait intéressant d'étudier comment, en se faisant accepter par la nation comme chef civil, Napoléon Bonaparte se plaçait à part et au-dessus de tous les autres généraux (1). Il connaissait, en effet, chez ceux-ci, les rivalités et les conflits d'ambition. Il savait parfaitement qu'il n'était pas le seul à destiner à un chef d'armée la première place dans la République (2). C'est pourquoi, dès 1797, Bonaparte résolut d'être le pouvoir civil, suscité par l'armée, mais supérieur à l'armée même par l'autorité que lui donnaient le suffrage du peuple, le caractère national

---

(1) Voir Albert SOREL, *l'Europe et la Révolution française*, t. V, p. 465.
(2) Voir REMACLE, *Bonaparte et les Bourbons*, p. 31, Rapport du 10 juin 1802.

de sa magistrature. Il noierait ainsi l'armée dans le peuple
dont il se déclarerait l'émanation et le représentant. C'est
là une de ses conceptions maîtresses.

Il est à noter d'ailleurs que Napoléon ne s'illusionnait
pas sur les assises réelles de son pouvoir. « Je porte dans
mon cœur et j'ai soutenu si haut, sur les baïonnettes
de mes soldats, l'estime et l'honneur du nom français,
qu'il n'appartient... à qui que ce soit d'y porter atteinte
impunément (1). »

II

La théorie des deux morales.

Napoléon, en proclamant la suprématie de l'intelligence
et de la vertu, se réservait de n'en tenir aucun compte.
« Le monde a toujours été pour moi dans le fait et non
dans le droit. » L'homme d'Etat, selon lui, doit ignorer le
sentiment. Le cœur d'un homme d'Etat doit être dans sa
tête, dit-il ; il est d'avis que l'homme fait pour les affaires
et l'autorité ne s'intéresse point des personnes ; il ne voit
que les choses, leur poids et leurs conséquences.

Constamment occupé au soin de tenir le gouvernement
d'un empire qui, dans ses accroissements progressifs, a
fini par embrasser les intérêts d'une grande partie de
l'Europe, Napoléon ne reculait jamais devant la crainte
des froissements qu'il pouvait causer, ni même devant la
somme immense des souffrances individuelles, inséparables de l'exécution de ses projets.

---

(1) A Louis-Napoléon, 21 décembre 1809. — Le 24 janvier
1801, à la Malmaison, devant Laplace, Monge et Rœderer, Napoléon Bonaparte disait : « Je suis soldat, enfant de la Révolution,
sorti du sein du peuple : je ne souffrirai pas qu'on m'insulte
comme un roi. »

L'homme politique, d'après Napoléon, ne doit tenir aucun compte de ceux qui n'ont pas su se garer. Sur son
chemin, s'il se rencontre quelque individu ou quelque
principe, ils seront écrasés. C'est le principe terrible et
immoral de la raison d'Etat et du pouvoir absolu.

Napoléon, pour se justifier, était logiquement amené à
se déclarer partisan de la théorie des deux morales : l'une,
sévère, rigoureuse, à l'usage du peuple ; — l'autre, très
large dans ses lois, applicable au souverain. « Il faut
distinguer, dit l'Empereur, les actes du souverain qui agit
collectivement de ceux de l'homme privé que rien ne gêne
dans son sentiment ; la politique admet chez l'un et lui
ordonne même des choses qui seraient sans excuse chez
l'autre. » En d'autres termes, d'après Napoléon Ier, il faut
une religion officielle pour que le peuple obéisse et serve
sans se corrompre ; il faut une morale publique pour que
les hommes éclairés se soumettent et ne troublent point
l'ordre social.

La religion ainsi entendue, c'est la foi d'autrui ; la morale ainsi conçue, c'est l'honnêteté des autres : telles sont
les idées intimes de Napoléon. « Je ne suis pas un homme
comme les autres et les lois morales ou de convenance
ne peuvent être faites pour moi (1). »

On peut concevoir que Napoléon Bonaparte ait soutenu
cette thèse, utile pour la justification de ses actes publics
et même de ses actes privés (2). Mais que des historiens,

----

(1) Mme DE RÉMUSAT, *Mémoires*, t. I, p. 208.
(2) « Une faiblesse naturelle aux gens supérieurs et aux pe-
tites gens, lorsqu'ils ont commis une faute, est de la vouloir faire
passer pour l'œuvre du génie, pour une vaste combinaison que le
vulgaire ne peut comprendre. L'orgueil dit ces choses-là et la
sottise les croit. » (CHATEAUBRIAND, *Mémoires d'outre-tombe*,
t. II, p. 455.)

des philosophes se soient faits les interprètes de cette doctrine, voilà ce qui effraie. « Les règles applicables au
commun des mortels le sont difficilement à la personne
des souverains (1). » Ne rêve-t-on pas en lisant une pareille immoralité sociale?

Le penseur ne peut admettre la théorie des deux morales. La loi morale est une, et la morale publique qui ne
s'appuierait pas sur la vertu et l'honnêteté ne mérite pas
de porter ce titre, qu'elle déshonore. Si quelque différence devait exister entre les principes de conduite de
l'homme public et ceux de l'homme privé, elle devrait se
trouver dans une rigueur plus grande des premiers.
L'exemple doit venir d'en haut.

III

Napoléon a compris la nécessité d'une organisation politique solide; il n'a pu l'instituer.

Napoléon comprenait assurément l'absolue nécessité
d'une puissante organisation du pays lorsqu'il disait :
« Les hommes sont impuissants pour assurer l'avenir, les
institutions seules fixent les destinées des peuples. » Mais
si la nécessité de bonnes institutions se démontrait à lui,
Napoléon était en même temps frappé des droits qu'elles
donnent aux individus. Ayant peur de son propre ouvrage, craignant tous les pouvoirs, même ceux qu'il créait,
il ne pouvait résister à la tentation de détruire brin à brin
ce qu'il avait instauré. Centre unique d'un cercle immense, il eût voulu que ce cercle contînt autant de rayons
qu'il avait de sujets, afin qu'ils ne se touchassent qu'en
lui. « Ce soupçon jaloux, dont il fut incessamment pour-

---

(1) A. GUILLOIS, *Napoléon*, t. I, p. 204.

suivi, s'accola comme un ver rongeur à toutes ses entreprises et l'empêcha de fonder d'une manière solide aucune
des créations que son imagination naturellement impro-
visatrice inventait continuellement (1). »

Sans doute, le vaste édifice que Napoléon avait cons-
truit était presque exclusivement l'ouvrage de ses mains ;
malheureusement lui-même en était la clé de voûte (2).
Par suite, cette gigantesque construction manquait essentiellement de base ; les matériaux qui la composaient
n'étaient que les décombres mal cimentés d'autres édi-
fices. La clé de voûte ayant été soulevée, le bâtiment a
croulé de fond en comble. Conçu et créé par Napoléon,
l'Empire n'a existé qu'en lui seul ; avec lui, il s'est éteint.
Une organisation qui n'a point de fondements du tout
croule à partir du jour où on l'élève.

Napoléon se rendait bien compte que l'organisation
impériale n'avait aucune solidité. « Le droit de conquête,
c'est-à-dire la force, ne prime qu'un temps la justice,
c'est-à-dire le droit éternel des peuples à se gouverner
eux-mêmes... La servilité et la bassesse aux heures de
triomphe se transforment en défection aux heures de défaite. Ce n'est pas en avilissant les hommes qu'on assure
leur dévouement (3). »

La vraie force, c'est le droit ; sans lui, tout est fragile.
Ce qui est bâti sur le mensonge et l'erreur tombe prompt-
tement en ruines : cette vérité allait se vérifier une fois
de plus avec Napoléon.

Aux heures où la logique redevenait maîtresse de son
raisonnement, l'Empereur ne se faisait, semble-t-il, aucune

_____

(1) Mᵐᵉ DE RÉMUSAT, Mémoires, t. II, p. 279. — Voir lord
ROSEBERY, Napoléon, la dernière phase, p. 206 ; — METTERNICH,
Mémoires et Écrits divers, t. I, p. 292 ; — Général FOY, Histoire
de la guerre de la Péninsule, t. I, p. 169.
(2) Voir Mémoires du roi Joseph, t. I, p. 81.
(3) PROUDHON, Napoléon Iᵉʳ, Introduction, p. LXXI.

illusion sur la durée probable de son œuvre gigantesque.
« On vous applaudira, écrit-il à Joseph, tant que nos
armées seront victorieuses. On vous abandonnera quand
elles seront vaincues (1). »

Ce fait, ainsi constaté, s'est produit parce que, dans
l'ensemble impérial, fut introduit, comme moteur central,
comme universel ressort, l'émulation effrénée, l'ambition
sans scrupules, bref, l'égoïsme dans toute sa crudité.

IV

L'opinion publique.

L'Empereur ne poussait assurément pas la naïveté
jusqu'à croire personnellement que l'opinion publique
lui était unanimement favorable. Il reconnaissait cependant la valeur de son action. « L'opinion publique est une
puissance invisible, mystérieuse, à laquelle rien ne résiste ;
rien n'est plus mobile, plus vague et plus fort ; et toute
capricieuse qu'elle est, elle est cependant vraie, raisonnable, juste, beaucoup plus souvent qu'on ne le pense. »
En juillet 1792, Napoléon écrivait à Lucien : « Les peuples
ont plus de sens et de tact que tu ne crois. »

Se douterait-on que l'auteur de ces paroles ne laissa à
l'opinion aucun moyen de se manifester librement, même
dans le domaine spéculatif ? Dans le régime parlemen-
taire, le seul tenant véritablement compte des tendances
nationales, Napoléon ne voyait que de la théorie nua-
geuse, prêchée par des idéologues. « Ces gens-là sont

(1) Voir Ph. DE SÉGUR, *Histoire et Mémoires*, t. III, p. 455,
456 ; — PELET DE LA LOZÈRE, *Opinions de Napoléon au Conseil
d'État*, p. 15 ; — CHATEAUBRIAND, *Mémoires d'outre-tombe*, t. IV,
p. 76 ; — Comte CHAPTAL, *Mes Souvenirs sur Napoléon*, p. 216
et suiv.

comme le peuple, qui a quelquefois des vapeurs ; je ne m'en inquiète guère. »

La tendance qui domine toujours chez Napoléon, à quelque point de vue que l'on se place pour examiner ses actes, c'est le désir de n'admettre personne au partage du pouvoir. Il poussa très loin cette prétention. Mais, à tendre incessamment les ressorts de l'organisation la plus merveilleuse qui fût, à penser, à vouloir pour tout le monde, qui ne risquerait de perdre l'équilibre (1) ?

« Se croyant assez fort pour gouverner et administrer par lui-même, il écartait même avec soin tous ceux dont le talent ou le caractère l'importunait. Il lui fallait des valets, non des conseillers... S'étant isolé du reste des hommes, ayant concentré dans ses mains tous les pouvoirs et toute l'action, bien convaincu que les lumières et l'expérience d'autrui ne pouvaient plus lui être d'aucun secours, il pensait qu'il n'avait plus besoin que de bras. » (Comte CHAPTAL.)

Rappelons encore cette annotation en marge d'un article de journal attribué à Joséphine : « L'impératrice sait bien qu'il n'y a qu'un représentant de la nation : c'est moi. » Citons également cette autre parole prononcée le 1er janvier 1814, dans la réponse à l'adresse des députés : « C'est moi qui suis le seul, le vrai représentant du peuple... M'attaquer, c'est attaquer la nation (2).

Dans tous ses actes politiques, Napoléon est resté fidèle à son caractère essentiellement autoritaire. Lui partout, la liberté nulle part. Rien d'étonnant qu'il ait lutté contre les partisans d'un système constitutionnel, puisque ce système était diamétralement opposé au sien.

---

(1) Voir MONTHOLON, *Récits sur la captivité de Napoléon*, t. I, p. XVIII.
(2) Voir METTERNICH, *Mémoires*, t. I, p. 120.

La philosophie d'un gouvernement basé entièrement sur la force et le pouvoir se retrouve dans les instructions que Napoléon dressa pour le prince Eugène de Beauharnais, le jour où il le déclara vice-roi d'Italie (7 juin 1805) : « Il viendra un temps où vous reconnaîtrez qu'il y a bien peu de différence entre un peuple et un autre (1)... Montrez pour la nation que vous gouvernez une estime qu'il convient de manifester d'autant plus que vous découvrez des motifs de l'estimer moins. »

Dominer en méprisant, prétendre transformer les hommes après les avoir conquis, cette domination engendre la haine comme cette conquête, la révolte.

V

Education de la jeunesse nationale.

Les principes politiques, bases du gouvernement impérial, devaient trouver leur application dans l'éducation de la jeunesse dont dépend, en effet, la direction que l'on veut donner aux idées d'une nation (2). Tel est l'enfant, tel est l'homme. Napoléon n'ignorait pas que « celui qui est maître de l'éducation peut changer la face du monde ». (LEIBNITZ.)

L'Empereur voulut faire de l'école le « vestibule de la caserne ». (TAINE.) L'instruction publique ne fut pour lui qu'un immense bureau de recrutement politique et militaire. Elle n'eut pas pour objet la culture des jeunes

---

(1) « Une nation est toujours ce qu'on sait la faire. » (Napoléon, 26 octobre 1791.)

(2) « Quand on veut gouverner les hommes par leurs vices, on devrait se garder de les éclairer ; car l'effet des lumières est de jeter dans les esprits des idées justes sur les droits et les devoirs de chacun. » (Général FOY.)

générations considérée en elle-même, dans leur propre
intérêt et, par suite, dans l'intérêt social, mais la préparation de sujets fidèles et surtout de soldats valeureux et
de bons officiers.

Pour Napoléon, ce qu'il y a d'essentiel dans l'éducation,
ce n'est pas la littérature et la science, mais le dressage,
un dressage précoce, méthodique, prolongé, irrésistible,
qui, par la convergence de tous les moyens — leçons,
exemples et pratiques — inculque « les principes » et
imprime à demeure dans les jeunes âmes « la doctrine
nationale », sorte de catéchisme social et politique dont
le premier article commande la docilité fanatique, le dévouement passionné et la totale donation de soi-même à
l'Empereur (1). « Dans l'établissement d'un corps ensei-
gnant, mon but principal est d'avoir un moyen de diriger
les opinions politiques et morales (2) », disait Napoléon
au Conseil d'Etat, le 11 mars 1806.

Les moyens employés résultent du but proposé. L'Empereur avait prescrit de faire rassembler tout ce qui devait
être enseigné aux jeunes gens dans « un petit volume pour
chaque classe, qui sera composé de passages des écrivains
anciens et modernes propres à inspirer à la jeunesse un
esprit et des opinions conformes aux lois nouvelles de
l'Empire ».

Ce système des manuels aux citations tronquées et sans
suite, qu'est-ce autre chose qu'une atteinte au bon sens de
la nation? Quel peut être le résultat d'une semblable instruction et que penser du niveau intellectuel et moral
d'une nation dont les hommes instruits ne connaîtront que
les auteurs dont les opinions étaient orthodoxes à l'époque

---

(1) Voir LAS CASES, *Mémorial*, 17 juin 1816.
(2) PELET DE LA LOZÈRE, *Opinions de Napoléon*, p. 161. — Voir
Général FOY, *Histoire de la guerre de la Péninsule*, t. I, p. 77.

do leurs études? Procédés jésuitiques, ennemis de la cohésion et de la liberté sous toutes ses formes et dont on
connaît trop, hélas! les résultats.

Napoléon, conséquent avec lui-même, se préoccupa surtout de créer une histoire officielle, histoire de commande
destinée à fixer, pour la postérité, la figure de l'Empereur.

Des instructions furent données dans ce sens à l'abbé
Halma par le ministre de l'instruction publique. L'histo-
rien devait insister sur la gloire des armées françaises et
spécialement sur « celle dont s'est couvert le chef de la
dynastie régnante qui a, non seulement sauvé la France
d'un démembrement, mais encore accru son territoire et
préparé la prépondérance qu'elle exerce sur l'Europe
depuis l'époque du 18 Brumaire (1) ».

C'était, on le constate, la mise en régie de l'histoire, idée
logiquement conforme au caractère et à la politique de
l'Empereur. Atteinte flagrante à la liberté de la pensée,
faisant de l'histoire un recueil officiel, exclusivement em-
preint des idées du pouvoir existant, cette théorie ne peut
être critiquée trop sévèrement. L'histoire n'a pas besoin
d'encouragements de ce genre : ils lui retirent non seulement l'indépendance, mais l'apparence même de l'impartialité (2).

L'éducation de la femme se ressentit de la brutalité que
Napoléon apportait dans ses relations avec le sexe faible
et de l'idée qu'il s'était faite du rôle de la femme dans la
société (3). Napoléon ne pensait pas qu'il fût nécessaire
de s'occuper d'un régime d'instruction pour les jeunes

_____

(1) Cretet était ministre de l'instruction publique Pour toute
l'affaire Halma-Cretet, voir le *Spectateur militaire*, 32ᵉ volume,
15 octobre 1841.

(2) Voir MERLET, *Tableau de la Littérature française de 1800
à 1815*, t. II, p. 258.

(3) « L'Empereur méprise les femmes..., leur faiblesse lui apparaît comme une preuve sans réplique de leur infériorité. »
Mᵐᵉ DE RÉMUSAT, *Mémoires*, t. I, p. 112.

filles. Il prétendait que l'éducation publique ne leur convenait point. « Le mariage est toute leur destination », disait-il. « Elevez-nous des croyantes et non pas des raisonneuses. La faiblesse du cerveau des femmes, la mobilité de leurs idées, leur destination dans l'ordre social, la nécessité d'une constante et perpétuelle résignation et d'une sorte de charité indulgente et facile, tout cela ne peut s'obtenir que par la religion, par une religion charitable et douce. »

VI

Littérature et religion.

L'esprit d'autorité qui caractérise le régime impérial se retrouve dans tous les actes qui atteignent les manifestations de la pensée (1). « Napoléon maudit la pensée parlée ou écrite comme une révolte du raisonnement contre le fait. Il s'écrie : la pensée est le mal, c'est elle qui a fait tout le mal. Il blasphème contre la lumière. Il ferme la bouche au moindre murmure d'une théorie (2). »

Nous analyserons plus tard comment Napoléon prétendait régenter l'influence de la pensée libre. Pour l'instant, contentons-nous de constater que l'Empereur voulait étouffer toute voix discordante qui n'eût pas vibré à l'unisson dans le concert des louanges, qui chantait sa gloire et sa puissance.

Napoléon, poursuivant jusqu'à l'absurde l'application de ses idées césariennes, aurait voulu faire de la littérature une institution officielle. De là cette création de prix décennaux (décret du 11 septembre 1804), cette ébauche

---

(1) Voir Eugène Despois, *Les Lettres et la Liberté.*
(2) LAMARTINE, *Histoire de la Restauration*, t. I, p. 894. — « La police repoussait la vérité avec autant de soins que s'il se fût agi d'écarter l'invasion de l'ennemi. » (Général Foy, *Histoire de la guerre de la Péninsule*, t. I, p. 17.)

de journaux littéraires (décret du 7 mars 1807), ce projet d'université des lettres (décret du 2 avril et dépêche du 10 avril 1807) ; de là aussi ces idées absolues sur la propriété littéraire et la censure (1); de là enfin, et surtout, ces exils d'écrivains, qui n'empêchèrent aucune opposition et qui donnèrent en revanche à celle-ci de nouveaux aliments. Témoin cette virulente apostrophe de Chateaubriand parue dans le *Mercure* du 4 juillet 1807 : « Lorsque, dans le silence de l'abjection, on n'entend plus retentir que la chaîne de l'esclave et la voix du délateur, lorsque tout tremble devant le tyran et qu'il est aussi dangereux d'encourir sa faveur que de mériter sa disgrâce, l'histoire paraît chargée de la vengeance des peuples. C'est en vain que Néron prospère, Tacite est né dans l'empire. Bientôt les fausses vertus seront démasquées par l'auteur des *Annales ;* bientôt il ne fera voir dans le tyran déifié que l'incendiaire et le parricide (2). »

Ainsi, par des procédés de compression véritablement inouïs, l'absolutisme de Napoléon prétendait créer une littérature brillante mais dévouée ; il espérait que des décrets et des ordonnances seraient capables de faire naître des chefs-d'œuvre. Ce fut tout le contraire qui se produisit. C'est au système napoléonien qu'il faut attribuer la stérilité des écrivains de l'Empire, pauvreté d'autant plus étonnante et remarquable que l'on est plus ébloui par la richesse de la renaissance romantique qui ne tarde pas à se produire après les événements de 1815.

On a voulu exalter le libéralisme de Napoléon en s'appuyant sur la façon dont il a rétabli la religion catholique (3) en France. Cette mesure ne peut être séparée de

---

(1) Voir Henri WELSCHINGER, *La Censure sous le premier Empire*

(2) Voir CHATEAUBRIAND, *Mémoires d'outre-tombe*, t. III, p. 3 et 531.

(3) Voir A. VANDAL, *L'Avènement de Bonaparte*, t. I, p. 562.

tous les actes politiques de l'Empereur. Napoléon, en effet, ne fut pas religieux ; s'il en eut les apparences, c'est par raison politique ou plutôt par caractère (1). » En me faisant catholique, j'ai fini la guerre de Vendée ; en me faisant musulman, je me suis établi en Egypte ; en me faisant ultramontain, j'ai gagné les esprits en Italie ; si je gouvernais un peuple de Juifs, je rétablirais le temple de Salomon (2). »

La raison, c'est que la religion est un instrument de règne, et voilà pourquoi, entouré d'athées, de régicides, de jacobins, de prêtres jureurs, de théophilanthropes, ayant pour ministre un évêque défroqué, voilà pourquoi il fait le Concordat. Avec la soumission des esprits il veut l'acquiescement des consciences : qui possède les âmes tient les corps. Le système de la religion reconnue par l'Etat pouvait seul plaire à Napoléon. « Il lui fallait un clergé comme des chambellans, comme des titres, comme des décorations, enfin comme toutes les anciennes cariatides du pouvoir. » (Mᵐᵉ DE STAEL.) Il lui fallait des « professeurs d'obéissance passive à son profit », et, selon l'expression de Bignon, « une gendarmerie sacrée ».

L'Empereur était, par nature, intolérant. Il ne pouvait, pas plus en religion et en philosophie qu'en politique, supporter la contradiction ; il n'admettait aucun pouvoir à côté du sien. Ne lui semblait-il pas que le peuple français lui avait abandonné le soin de vouloir et de penser pour lui ? Toutes les idées qui ne sor-

---

— TAINE, Le Régime moderne, t. III ; L'Eglise, chap. Iᵉʳ. — A. DE SÉGUR, Histoire et Mémoires, t. II, p. 80.

(1) « Il est triste de constater que ce que Napoléon songea le moins à demander à la religion chrétienne, ce fut, pour son propre usage, une règle de conduite morale. » (Marius SÉPET, Napoléon, p. 24.)

(2) ROEDERER, Œuvres, t. III, p. 334.

taient pas de son cerveau lui semblaient un véritable em-
piétement sur son domaine, une violation de son droit
et de ses prérogatives. Ce qu'il craignait le plus, c'est
que de près ou de loin l'on apportât ou l'on conservât
seulement la faculté de juger. Sa pensée fut « une or-
nière de marbre », de laquelle aucun esprit ne devait
s'écarter (1). « Ceux qu'il a fait grands dignitaires et
ministres cessent d'être libres dans leurs pensées et dans
leurs expressions... ; ils ne peuvent être que les organes
des siennes... ; pour eux, la trahison a déjà commencé
quand ils se permettent de douter... ; elle est complète
lorsque, du doute, ils vont jusqu'au dissentiment (2). »

De cette erreur funeste naquirent la compression à ou-
trance, l'esprit d'autorité sans contrôle qui amenèrent
fatalement la stérilité des principes que Napoléon émettait parfois d'une manière magistrale, mais qu'il ne fit
jamais entrer dans la pratique.

VII

Justice sociale ; liberté individuelle.

Il est étrange de constater que Napoléon ait osé exposer à Sainte-Hélène des rêveries philanthropiques auxquelles nous ne pouvons croire : « Nos grands événements de guerre accomplis et soldés... ma grande préoccupation... eût été, du sommet de ma puissance, de
m'occuper à fond d'améliorer la condition de toute la
société ; j'eusse prétendu descendre jusqu'aux jouissances individuelles (3). »

---

(1) Voir *Souvenirs du feu duc de Broglie*, t. I, p. 230.
(2) MOLLIEN, *Mémoires*, t. II, p. 9.
(3) Voir LAS CASES, *Mémorial*, 30 novembre 1815.

Il semble qu'une voix secrète proteste souvent en Napoléon contre son entraînement autoritaire. Ce souverain déchu qui, à Sainte-Hélène, parle de bonheur des peuples, fut ce potentat dans la tyrannie duquel l'exil ou la détention atteignirent, non pas les actes criminels, mais les simples tendances.

> Qui parle est factieux et qui se tait conspire (1).

Ce même potentat qui posait au Conseil d'État ce principe fécond : « Dans un pays où la justice transige, il n'y a plus d'ordre social », fut celui qui renia le plus la règle de conduite qu'il avait lui-même posée. Il n'eut jamais, magistrat civil, le respect absolu de la justice et de ses décisions, pas plus que, général, il ne comprit et ne s'appliqua les règles sévères de la discipline militaire. Ses intérêts, sa fausse dignité, son fol orgueil l'ont mal conseillé ou, plutôt, l'ont dirigé sur la voie de l'arbitraire, de l'absolutisme.

Dans la campagne de France, aux premiers mois de 1814, à Troyes, Napoléon parlait de la situation politique et militaire.

« Les ennemis, dit un de ses généraux, sont trop nombreux. Nous ne pouvons pas en venir à bout avec nos soldats qui tombent chaque jour et qu'on ne remplace pas ; il faut que la France se lève...

— Eh ! comment voulez-vous que la France se lève ? interrompt avec vivacité Napoléon ; il n'y a pas de clergé, il n'y a pas de noblesse, et j'ai tué la liberté. »

D'aucuns ont voulu transformer Napoléon en un missionnaire de liberté, en un citoyen qui n'institua l'escla-

---

(1) RAYNOUARD, *Les États de Blois*. — « Les voix libres se taisent ou ne parlent que dans l'exil ; toute opposition, en France, se cache au fond des consciences ; impossible de la manifester. » (Augustin CHALLAMEL, *Histoire de la Liberté en France*.)

vage que par amour de la vertu contraire (1). « Que Bonaparte, continuateur des succès de la République, semât partout des principes d'indépendance, répond Chateaubriand (2) ; que ses victoires aidassent au relâchement des liens entre les peuples et les rois, arrachassent ces peuples à la puissance des vieilles mœurs et des anciennes idées ; que, dans ce sens, il ait contribué à l'affranchissement social, je ne le prétends point contester ; mais que de sa propre volonté il ait travaillé sciemment à la délivrance politique et civile des nations ; qu'il ait établi le despotisme le plus étroit dans l'idée de donner à l'Europe, et particulièrement à la France, la constitution la plus large ; qu'il n'ait été qu'un tribun déguisé en tyran, c'est une supposition qu'il m'est impossible d'adopter. »

Il suffit, en effet, pour se ranger à cette opinion, d'examiner les faits. Napoléon relève le trône ; héritier de la Révolution, succédant à la République, il instaure une autorité sans frein et sans limites. Avec lui la nation perd le peu de libertés que l'ancien régime lui avait laissées et toutes celles que le nouveau lui avait données. Droits politiques, intérêts particuliers, propriétés des communes, éducation, science, pensée, le gouvernement impérial envahit tout. On sent son poids dans la famille comme dans la cité. Il ne reste plus dans les mœurs ni dans les lois aucun moyen de résistance aux erreurs ou aux abus de l'autorité (3).

---

(1) Voir A. RAMBAUD, *Les Français sur le Rhin*. p. x.
(2) CHATEAUBRIAND, *Mémoires d'outre-tombe*, t. IV, p. 83. — Voir BERTHEZÈNE, *Souvenirs militaires*, t. II, p. 227.
(3) Voir Général FOY, *Histoire de la guerre de la Péninsule*, t. I, p. 16.

VIII

Napoléon et la Révolution française.

Les actes de Napoléon ont souvent démenti les principes qu'il formulait et que parfois il prétendait imposer aux autres. « Que notre conduite soit d'accord avec nos discours : le philosophe a rempli ses engagements quand c'est le même homme qu'on voit et qu'on entend. Pour juger de son mérite, il faut voir s'il est un. » (SÉNÈQUE.) Il est à remarquer que les déclarations de Napoléon Ier à Sainte-Hélène, sous couleur de justifier sa conduite, en sont la condamnation. D'ailleurs, comme l'a dit Littré, « ce n'était pas à Sainte-Hélène, c'était aux Tuileries qu'il fallait compter la liberté pour quelque chose ».

Napoléon avait cherché à se faire accepter par tous comme le fils de la Révolution (1) et l'héritier des hommes de 80 (2). D'aucuns prétendent, non sans raison, que

_____

(1) « Il était bien le fils de la Révolution, mais un fils dont l'unique pensée était d'étrangler sa mère. » (Lord ROSEBERY, *Napoléon, la dernière phase*, p. 259.)

(2) « Napoléon ne comprend pas la Révolution; il ne conçoit pas son siècle; il ne lit pas dans l'avenir; il manque littéralement de principes comme de philosophie; souvent, il cherche la justice; aussi souvent, il tombe dans l'arbitraire. Il ne connaît rien aux lois de l'histoire, rien à l'économie politique; il a perdu le sentiment religieux et fort affaibli le sens moral en lui... Mais, dans cette sphère étroite où se promenait sa pensée..., il n'avait positivement pas d'égal... Ayant assez d'esprit pour saisir les côtés faibles du système représentatif, il ne vit pas que ce système était une des conditions de l'époque, une des haltes de l'histoire; il ne vit pas, à plus forte raison, que ce système aboutissait à une constitution de plus en plus réaliste, économique, antipathique à ses instincts... Manquant de l'idée de progrès, il n'hésite pas devant l'imitation ou la restauration du passé : il refit une Eglise, un Concordat, un Empire : il tendit à la monarchie universelle; il créa une féodalité. Il aimait s'en-

cette filiation n'est qu'un leurre, un mensonge insigne rapporté de l'île d'Elbe, accrédité ensuite par la longue conspiration bonapartiste de 1815 à 1852 et par la littérature jacobine et romantique (1).

Philippe de Ségur a écrit : « Napoléon est un instrument de la Révolution, qui fut brisé par elle lorsqu'il ne lui fut plus utile. » Ces paroles signifient-elles quelque chose ? Napoléon ne fut nullement brisé par la Révolution, mais bien par le conservatisme européen qui profita de ce que Napoléon n'avait jamais été un instrument de la Révolution. Il semble bien qu'il aurait fallu dire : « Napoléon fut un déserteur de la Révolution, qui fut brisé par le conservatisme et que la Révolution laissa briser avec plaisir. »

L'on conçoit d'une manière assez précise que le tort de Napoléon Ier a été de fonder l'Empire. Ce jour-là il commença sa ruine, parce qu'il tourna contre lui les forces de l'avenir et qu'il ne se concilia pas les puissances du passé. A la tête de cinquante millions d'hommes (France, Hollande, Belgique, rives du Rhin, Italie septentrionale), tous acceptant la Révolution française et déjà accoutumés à la forme républicaine, il pouvait continuer la Révolution en ce qu'elle avait d'excellent et s'appuyer indéfin'ment sur ces forces de l'avenir pour fonder une Europe occidentale progressiste, intelligemment et raisonnablement démocratique. Et cela pouvait devenir une organisation durable. Au lieu de cela, il fit un empire en apparence aristocratique, en réalité pure-

---

tendre comparer à Cyrus, à Alexandre, à César, à Constantin, à Charlemagne, ne faisant pas grande distinction entre eux tous et comprenant seulement que, comme eux, il régnait par la Victoire et qu'il devait refaire l'unité politique des nations. » (PROUD'HON, Napoléon Ier, p. 87.)

(1) « En gardant les mots consacrés par la Révolution, il avait eu l'art de détruire en partie son œuvre. » (Chancelier PASQUIER, Mémoires, t. I, p. 224.)

ment despotique ; où ni Hollande, ni Belgique, ni Provinces rhénanes, ni Italie, ni France ne trouvaient leur compte, c'est-à-dire les libertés rêvées. Il changea en royaumes les républiques d'outre-frontières, les asservissant à deux jougs, celui de leurs gouvernements particuliers et celui du sien. Il fit, de plus, un empire constitutionnellement conquérant et envahisseur, ce qui au fond ne satisfaisait que son armée, jusqu'au jour où elle-même en eût assez. C'était une entreprise si parfaitement réactionnaire qu'elle n'avait pas en elle-même les éléments de succès durable et qu'elle semblait, comme de gaîté de cœur, éliminer tous les éléments de succès qu'elle avait en elle en son principe, ou plutôt que lui-même avait en lui avant son entreprise. Ce rêve de grandeur a son origine, non dans le noble désir d'affermir les conquêtes révolutionnaires, mais dans une petitesse. L'entreprise était condamnée à échouer par la façon même dont elle était posée. Le mot le plus juste que Napoléon ait prononcé sur lui-même est le suivant : « Ce qu'on dira quand je disparaîtrai ? On dira : Ouf ! »

Comme général, Napoléon Bonaparte n'appartient à la Révolution que par ses deux campagnes d'Italie. Comme homme d'État, il ne lui appartient que par bien peu de choses. A partir de 1804, toutes les guerres de Napoléon sont d'ambition pure, bien qu'aux yeux du pays l'Empereur ait eu grand soin de leur donner une autre apparence (1). Quant à son gouvernement, il n'a été, du commencement à la fin, qu'une aveugle et brutale réaction.

On pourrait admettre que, jusqu'à une certaine époque, Napoléon représente la Révolution dans son principe d'égalité (1) et de réformes civiles. Ce qui est évi-

_____

(1) « On dirait que chaque pas fait par les nations modernes

dent, c'est qu'il est la négation des principes de 89 en
tant que l'on considère leur essor de liberté (1).

Par sa situation même, se prévalant de la Révolution
et servant la contre-révolution, Napoléon était condamné
à rester dans l'équivoque. Mais il est de vérité historique
que celui qui ruse avec les principes sera tué par les
principes. La logique pervertie, les idées se faussent ;
pour mieux dire, elles disparaissent.

Bonaparte ne dévoilait-il pas ses pensées intimes lorsqu'il disait : « C'est avec des hochets que l'on mène les
hommes. Je ne dirais pas cela à une tribune ; mais, dans
un conseil de sages et d'hommes d'Etat, on doit tout
dire. Je ne crois pas que le peuple français aime la li
berté et l'égalité (2). »

IX

Napoléon et l'absolutisme.

Napoléon avait oublié cette virulente apostrophe qu'il
lançait en 1789 et que, par un juste retour des choses
d'ici-bas, on peut lui appliquer dans tous ses termes :

---

vers l'égalité, les rapproche du despotisme. Il est plus facile
d'établir un gouvernement absolu chez un peuple où les conditions sont égales que chez tout autre. » (A. DE TOCQUEVILLE.) Cela
s'est fait, non sans quelque tempérament, aux derniers siècles
de l'ancienne monarchie et absolument sous le régime de la
Convention et de l'Empire. Le despotisme peut mener son char
à l'aise, les rênes tendues et le fouet levé, en donnant le change
aux masses populaires, en excitant leur envie contre les privi-
lèges ; elles jouent le rôle du cheval de La Fontaine, se voulant
venger du cerf.

(1) Voir SAINTE-BEUVE, Nouveaux Lundis, x.

(2) « La liberté est le besoin d'une classe peu nombreuse et
privilégiée par nature, de facultés plus élevées que le commun des
hommes ; elle peut donc être contrainte impunément. » (Mme DE
RÉMUSAT.)

« Que le sentiment de l'oppression ne pénètre jamais dans le cœur de vos sujets : préjugés, habitudes, religion, faibles barrières ! Le prestige est détruit. Votre trône s'écroule si vos peuples se disent jamais : « Et nous aussi, nous sommes des hommes. » Vouloir enrégimenter, caporaliser la France civile, ce fut une des plus grandes erreurs du génie napoléonien (1). Les heures cruelles de la défaite, l'effondrement de son pouvoir tout en façade lui ont montré l'erreur qu'il avait commise. « Plus de nation en France, un homme. Plus de chose publique, un gouvernement... Le peuple se laissait aller à cette indifférence politique qui, née du despotisme, en facilite l'exercice, mais qui prive les empires de toute force au jour du danger (2)... »

En politique comme dans l'art militaire, Napoléon avait tout ramené à lui-même par l'anéantissement de la liberté civile et la destruction, dans leur germe, de toutes les velléités d'indépendance (3). Ceux-là mêmes qui lui étaient le plus dévoués furent atteints les premiers. « Ce terrible homme, disait souvent Decrès, nous a tous subjugués ; il tient toutes nos imaginations dans sa main qui est tantôt d'acier, tantôt de velours ; mais on ne sait quelle sera celle du jour et il n'y a pas moyen d'y échapper ; elle ne lâche jamais ce qu'elle a une fois saisi (4). » De là cette tension excessive qui aboutit, au jour du malheur, à l'abandon de tous ceux que l'Empereur n'a pas su intéresser au maintien de son pouvoir.

Mais les excès mêmes de l'Empire rendent plus frappante la leçon historique dont nous cherchons les élé-

---

(1) Voir Comte CHAPTAL, *Mes Souvenirs sur Napoléon*, p. 222 et 223.
(2) *Mémoires sur Carnot*, par son fils, t. II, p. 352.
(3) Voir H. TAINE, *Le Régime moderne*, t. I, p. 169.
(4) MOLLIEN, *Mémoires*, t. III, p. 427. — Voir BERTHEZÈNE, *Souvenirs militaires*, t. II, p. 311.

ments. Bonaparte a exercé dans une assez grande lati
tude ce pouvoir d'un seul, sans aucune contestation et
pendant d'assez longues années, pour que la façon dont
il a fini permette de généraliser un jugement sur le despotisme militaire. Comment les excès du régime impérial
ont-ils pu être portés si loin ? C'est que ce régime eut un
pouvoir sans limites et sans frein ; c'est que l'absolutisme d'un seul sera toujours le plus dangereux de tous
pour tous, mais aussi pour celui qui l'exerce, lorsque,
comme le dit Montesquieu « le pouvoir n'arrêtera pas
le pouvoir ».

Les fautes politiques de Napoléon, par leur succes-
sion et leurs rapports, forment tout un système. C'est
ce système même qui l'a perdu. Qui dit révolution dit
rupture complète et brusque avec le passé. Il ne faut
donc point s'étonner si Napoléon, despote et révolutionnaire à la fois, ne fut point un politique. « En s'empor-
tant contre l'Angleterre, en rompant la paix d'Amiens,
en projetant la monarchie universelle après Austerlitz,
en entretenant la guerre d'Espagne qu'il alla essayer de
term'ner à Moscou, en refusant la paix de Prague, il
fut pis qu'un mauvais politique : il présenta au monde
la triste spectacle du génie descendu à l'état d'un pauvre
insensé (1). »

Les théories gouvernementales de Napoléon étaient
loin d'avoir une base morale. Leur application, appe-
santissant sur la nation le joug du pouvoir absolu, anéan-
tit les individualités et nuisit au développement harmo-
nique de leurs qualités, de leur valeur. « Le tort que la
vraie philosophie ne pardonnera pas à Bonaparte, c'est
d'avoir façonné la société à l'obéissance passive, re-

---

(1) A. THIERS, *Histoire du Consulat et de l'Empire* t. XX
p. 720.

poussé l'humanité vers les temps de dégradation morale et peut-être abâtardi les caractères (1). »

Il est indiscutable, en effet, que Napoléon « chercha à assurer son action en s'appuyant sur les passions égoïstes de l'homme : la peur, la cupidité, la sensualité, l'amour-propre. Tels sont les ressorts dont il joua. Tous ses moyens de gouverner les hommes ont été pris parmi ceux qui tendent à les rabaisser (2) ». Cette méthode de gouvernement crée, non des hommes, mais des sujets, matière naturelle du gouvernement absolu, tas d'argile qui attend la main du potier pour recevoir une forme.

Dès lors on peut logiquement conclure que Napoléon, à quelque point de vue que l'on envisage son action, n'a pas compris l'influence des éléments moraux dans la vie des sociétés. Il n'est pas venu à son esprit que la plus belle chose qu'un homme d'Etat puisse proposer à son activité, c'est le développement des individualités humaines sous la garantie de l'Etat ; en un mot, la formation, la préparation et le développement normal de l'âme d'un peuple.

Ne semble-t-il pas que le sentiment de sa fausse politique soit souvent revenu obséder son esprit inquiet ? Il disait, le 28 avril 1821, à ses compagnons de captivité : « Les circonstances étaient sévères ; j'ai été obligé de sévir, d'ajourner ; les revers sont venus, je n'ai pas pu débander l'arc, et la France a été privée des institutions libérales que je lui destinais. »

Cet essai de justification est suffisamment caractéristique : il est inutile d'insister davantage.

---

(1) CHATEAUBRIAND, *Mémoires d'outre-tombe*, t. IV, p. 89.
(2) Mᵐᵉ DE RÉMUSAT, *Mémoires*, t. I, p. 106; t. II, p. 247, 336.

X

Napoléon aimait-il la France ?

Napoléon ne se préoccupa jamais du bonheur de la
France. D'ailleurs, aima-t-il jamais cette grande France
à soldats, si étonnante en peuples divers et où toutes
les voix, en toutes les langues, l'acclamèrent et le pro-
clamèrent ? On peut au moins en douter.

Ce ne fut pas, en effet, un sentiment de nature qu'il
eut pour elle, un amour d'instinct; mais le sentiment acquis de propriété, de domination, d'exclusif pouvoir.
« La France même, pour lui, restera pays de conquête.
Il n'en sort pas, il y entre ; il est fils d'étrangers ; la
langue française n'est pas sa langue maternelle ; elle est
pour lui la langue apprise de la civilisation, la langue
européenne ; la France n'est pas le coin de terre incomparable et sacré où dorment ses ancêtres ; elle s'étendra
partout où le portera son cheval de guerre et où perce-
ront ses aigles romaines. Il conserve, en son for intérieur, je ne sais quoi d'insulaire et d'inaccessible d'où
il juge, s'impose et domine. C'est sa puissance : assez
imprégné du génie français pour comprendre la pensée
populaire et être compris du peuple ; assez particulier en
son génie propre pour se séparer des autres hommes,
tout en se faisant avec eux peuple et armée, ce Corse
s'empare de la France et s'identifie la Révolution française, comme l'Allemande Catherine s'est emparée de la
Russie, s'est faite orthodoxe et s'est identifiée l'âme
russe (1). »

Jamais Napoléon n'eut l'idée de servir la France ; il

---

(1) A. SOREL, *L'Europe et la Révolution française*, t. V, p. 181.

s'est, au contraire, toujours servi d'elle. Elle était pour lui la mine où il puisait le charbon nécessaire à la consommation de la puissante machine qui faisait exécuter ses volontés : il l'aimait pour sa fécondité.

Napoléon aima la France comme le cavalier aime son cheval (1). « Quand il le dresse, quand il le pare et le pomponne, quand il le flatte et l'excite, ce n'est pas pour le servir, mais pour se servir de lui en qualité d'animal utile, pour l'employer jusqu'à l'épuiser ; pour le pousser en avant, à travers des fossés de plus en plus larges et par-dessus des barrières de plus en plus hautes : encore ce fossé, encore cette barrière ; après l'obstacle qui semble le dernier, il y en aura d'autres, et, dans tous les cas, le cheval restera forcément à perpétuité ce qu'il est déjà, je veux dire une monture, et une monture surmenée (2). »

Non, Napoléon n'aima pas la France. Il put lui faire illusion quelque temps. Du jour où la réalité apparut à la nation, ce fut la fin de la puissance et du despotisme du conquérant.

XI

Conclusion.

Le caractère de Napoléon ne peut être défini par les mots dont on a coutume de se servir. « Il était, dit Mme de Staël, ni bon ni violent, ni doux ni cruel, à la façon

---

(1) O Corse à cheveux plats ! que ta France était belle
Au grand soleil de messidor !
C'était une cavale indomptable et rebelle,
Sans frein d'acier, ni rênes d'or...
(Auguste Barbier, *Iambes*, La Cavale.)
(2) H. Taine, *Le Régime moderne*, t. I, p. 39.

des individus à nous connus. Un tel être, n'ayant point
de pareil, ne pouvait ni ressentir, ni faire éprouver de
la sympathie (1)... Je sentais confusément qu'aucune
émotion du cœur ne pouvait agir sur lui. Il regarde une
créature humaine comme un fait ou une chose, et non
comme un semblable. Il ne hait pas plus qu'il n'aime,
il n'y a que lui pour lui ; tout le reste des créatures sont
des chiffres. La force de sa volonté consiste dans l'im-
perturbable calcul de son égoïsme ; c'est un habile
joueur dont le genre humain est la partie adverse qu'il
se propose de faire échec et mat. » Dans de telles conditions, l'œuvre de Napoléon ne pouvait être que celle
de l'égoïsme, servi, hâtons-nous de le dire, par un puissant génie (2).

* * *

L'examen de la personnalité de Napoléon, au triple
point de vue qui vient d'être considéré, permet de conclure que Bonaparte reçut, à son berceau, une puissance
tout à fait hors ligne d'intelligence et de volonté ; mais
l'équilibre intellectuel, moral et physique de cet homme
extraordinaire fut loin d'être parfait.

Pour maintenir dans cette formidable tête l'empire de
la raison, il aurait fallu que l'effrayante énergie de sa
volonté fût elle-même soumise à la loi morale dans la

---

(1) M. de Metternich résume le caractère de Napoléon dans
ces mots, qui semblent bien devoir être définitifs : « Il se considérait comme un être isolé dans le monde, fait pour le gouverner
et pour diriger tous les esprits à son gré. » (*Mémoires*, t. I,
p. 284.)

(2) « Se jouant des idées et des peuples, des religions et des
gouvernements, jouant de l'homme avec une brutalité et une
dextérité incomparables, le même dans le choix des moyens et
dans le choix du but, artiste supérieur et inépuisable en prestiges, en séductions, en corruptions, en intimidations, admirable
et encore plus effrayant, comme un superbe fauve subitement
lâché dans un troupeau apprivoisé qui rumine... »(D'HAUSSON-
VILLE, *L'Église romaine et le premier Empire*, t. I, p. 405.)

détermination comme dans la poursuite de son objet. Il n'en fut malheureusement pas ainsi. Ses admirables facultés s'asservirent de jour en jour davantage aux extravagantes chimères issues de la satisfaction et de la jouissance de son formidable moi.

Napoléon prétendit substituer son génie et ses fantaisies aux règles éternelles de l'ordre intellectuel, moral et social. Au genre humain un instant ébloui et subjugué, il voulut imposer ses rêves délirants. Ceux-ci furent plus ou moins funestes au présent et à l'avenir de la France et du monde. Ils ont été fatals à Napoléon lui-même (1).

L'égoïsme effréné, le subjectivisme colossal et déréglé de Napoléon lui ont naturellement fermé les yeux sur les *défauts capitaux de son système* :

Dans l'ordre social : *prohibition ou étouffement, si funeste à la longue, de l'initiative individuelle et collective, des groupements spontanés ou volontaires, des associations naturelles ou libres ;*

Dans l'ordre politique : *absence d'institutions de contrôle, de corps électifs et représentatifs autonomes et indépendants.*

Napoléon a ainsi, en dernière analyse, singulièrement reculé au profit du despotisme d'État et, par réaction, de l'anarchie, l'avènement du gouvernement de la nation par elle-même.

---

(1) Voir YORCK DE WARTENBOURG, *Napoléon chef d'armée*, t. II, p. 246. — TROCHU, *Œuvres posthumes*, t. II, p. 64 et 65.

CHAPITRE IV

CE QUE NAPOLÉON ENTENDAIT PAR FORCES MORALES

SOMMAIRE : I. Napoléon sait démoraliser son adversaire. Moyens employés. — II. Napoléon cherche avant tout à créer l'illusion de la puissance matérielle. — III. Charlatanisme et art de la mise en scène; leur influence sur les masses. — IV. Napoléon, passé maître dans l'usage de la force matérielle, ignorait la véritable action morale qui galvanise les collectivités.

I

Napoléon sait démoraliser son adversaire. -- Moyens employés.

Les considérations qui précèdent se résument en deux mots : *Napoléon n'a jamais connu l'usage des forces morales*. Et cependant il est écrit et l'on entend dire partout que nul mieux que lui ne sut assurer la démoralisation de son adversaire. Nul mieux que ce grand capitaine ne régla les effets de la surprise d'une masse apparaissant à l'improviste, forte et puissante, sur le terrain de la lutte.

Mais si l'on veut bien y regarder d'un peu près, on remarquera que l'effet obtenu par Napoléon a sa base dans l'usage de moyens matériels. Il l'obtient d'une manière magistrale, c'est évident, par la supériorité numérique, réelle ou truquée, apparente ou factice. Dans l'emploi de ce procédé, il ne viendrait à l'esprit de per-

sonne de contester que Napoléon est un maître qui n'a
pas été dépassé.

Cela vient-il infirmer ce qui a été constaté précédem-
ment ? Est-ce à dire que l'Empereur a jamais soupçonné
la puissante influence de la force vivifiante qui aurait
fécondé les efforts de son armée par le développement
des facultés morales de la nation ? Il est permis de ne
pas le croire.

« A la guerre, le moral et l'opinion sont plus de la
moitié de la réalité », disait Napoléon à Clarke, le 10
octobre 1809. Nous trouvons dans ces mots la façon très
particulière dont Napoléon entendait la force morale.
C'est une question d'extérieur. Il ne s'agit pas de développer la valeur particulière de chaque homme, mais, sur
cette valeur, de tromper les autres et surtout les siens.
Pour l'Empereur, tout n'est qu'illusion, et cette idée
prend tellement d'influence sur son esprit qu'il en arrive
à s'illusionner lui-même en essayant d'en imposer à tout
le monde.

II

Napoléon cherche avant tout à créer l'illusion de la puissance matérielle.

Napoléon cherche d'ailleurs moins l'illusion de la
valeur morale que l'illusion du nombre, dans ce que
celui-ci a d'éléments matériels. Il a posé en véritable
principe qu'à la guerre, si l'on est induit à parler de ses
forces, on doit les exagérer et les présenter comme redou-
tables : on en double ou l'on en triple le nombre. Si l'on
parle de l'ennemi, on doit diminuer sa force de la moitié
ou du tiers. Il admet d'une manière indiscutable « qu'il

est dans l'esprit de l'homme de croire qu'à la longue le petit nombre doit être battu par le plus grand ». Et il se hâte d'ajouter : « L'art des grands capitaines a toujours été de publier et de faire apparaître à l'ennemi leurs troupes comme très nombreuses et, à leur propre armée, l'ennemi comme très inférieur (1). »

Napoléon n'a jamais varié sur ce point. En 1814, quand l'infériorité numérique des troupes françaises était nécessairement connue de l'adversaire, il écrivait encore : « Les journaux sont rédigés sans esprit. Est-il convenable, dans le moment actuel, d'aller dire que j'avais peu de monde, que je n'ai vaincu que parce que j'ai surpris l'ennemi et que nous étions un contre trois ! Il faut, en vérité, que vous ayez perdu la tête à Paris pour dire de pareilles choses, lorsque je dis partout que j'ai 300.000 hommes, lorsque l'ennemi le croit et qu'il faut le dire jusqu'à satiété…. Un des premiers principes de la guerre est d'exagérer ses forces et non pas de les diminuer. » (19 février 1814) (2).

Dès lors, il peut sembler très logique de dire que Napoléon n'a jamais compris la véritable force morale. Pour lui, elle n'est que l'apparence, l'illusion du nombre. Ce grand capitaine n'a vu, dans l'emploi des éléments du domaine moral, qu'une action purement négative. Volontairement ou inconsciemment, il n'a pas voulu placer à leur base le développement de la personnalité humaine.

---

(1) Napoléon à Clarke, 10 octobre 1809
(2) Voir BERTHEZÈNE, *Souvenirs militaires*, t. I, p. 322.

III

Charlatanisme et art de la mise en scène. — Leur influence sur les masses.

Certes, Napoléon a tout fait pour créer toutes les illusions. Il a été un metteur en scène incomparable ; il a frappé, au profond, l'imagination des peuples. Il a provoqué l'émotion de la nation française et su enter sa gloire dans la mémoire des hommes.

Quels procédés a-t-il employés ? Lui-même les a qualifiés de charlatanisme. N'a-t-il pas écrit, en parlant de ses proclamations (1) : « C'est du charlatanisme, mais du plus haut (2). » D'une manière plus brutale, il exprimait une opinion du même genre lorsqu'il disait : « On est plus sûr d'occuper les hommes, de les frapper davantage par des absurdités que par des idées justes. »

Napoléon sut donner aux Français une telle moisson de lauriers qu'ils n'eurent pas l'idée de penser à autre chose. « Quand j'aurai appris qu'une nation peut vivre sans pain, disait-il au docteur O'Méara, alors je croirai que les Français peuvent vivre sans gloire. » Aussi tous les moyens lui semblent-ils bons pour maintenir, sur les yeux de la nation, le bandeau glorieux qui l'aveugle.

---

(1) Voir les proclamations du 21 décembre 1798 et du 9 mars 1799.

(2) Las Cases, *Mémorial*, t. III, p. 110. — Napoléon partait de ce principe, qui se justifie en pratique dans une certaine mesure, que le mérite qui ne veut ou ne sait se faire valoir est primé par une mise en scène habile au service de la médiocrité ; une vaine apparence servie par une savante réclame finit souvent par avoir un succès réel.

Le côté théâtral (1), cabotin pourrait-on dire, tenait une grande place dans l'esprit de Napoléon. Il accordait à toutes les formes extérieures que revêt l'autorité une haute influence sur le vulgaire ; il n'était pas loin de partager ce sentiment pour lui-même. De cette idée naquit l'institution de la cour impériale, copie, pastiche de l'ancienne cour de Versailles, avec la gaieté en moins. « Un de ses regrets les plus vifs et les plus constan's était de ne pas pouvoir invoquer le principe de la légitimité comme base de sa puissance (2). »

La cérémonie du sacre n'eut pas d'autre but que de parler à l'imagination des foules. « Bonaparte se fit empereur ; il reçut la consécration du peuple français par le plébiscite et celle du pape par les onctions. Il se crut un instant inattaquable, protégé contre les révolutions populaires par le plébiscite et, par le sacre, contre les coalitions des rois. Il devenait l'un d'entre eux et le peuple s'incarnait en lui ; mais le peuple se reprend toujours et les rois ne se donnent jamais. Napoléon qui, pour son compte, n'y croyait guère, attribuait à la cérémonie du sacre une mystérieuse influence sur l'âme des autres : une religion pour le peuple, un sacre pour les princes. Il se trompa toujours sur l'état d'âme et les vertus professionnelles des monarques. Pour s'être déclaré majesté sacrée, il se figura que la majesté résidait en autre chose qu'en les sept lettres d'un mot de protocole et que ce terme de sacrée emportait une grâce politique capable d'opérer la soumission des hommes. Il se retrouva, le 3 décembre 1804, ce qu'il était la veille, en présence d'une Europe où rien n'était changé. Le couronnement de Notre-Dame, aux yeux des rois et de leurs ministres, ne comptait que pour une cérémonie de plus après tant

---

(1) Voir RŒDERER, *Mémoires*, t. III, p. 541.
(2) METTERNICH, *Mémoires*, t. I, p. 283.

Influence de Napoléon.   7

d'autres aussi vaines dont plus rien ne subsistait... Ce
que le glaive avait élevé, le glaive l'abaisserait un jour,
voilà toute la foi des princes de l'Europe, et ils ne con-
naissaient point d'autres signes manifestes des arrêts
de la Providence, arrêts toujours frappés d'appel quand
ils déclaraient leurs défaites, et définitifs seulement, à
leurs propres yeux, quand ils consacraient leurs victoires (1). »

Il faudrait citer en entier les pages que F. Masson,
dans *Napoléon et son fils*, consacre au baptême du roi
de Rome (2). « Le baptême est pour lui moins une cérémonie religieuse qu'une intronisation dynastique, et c'est
pour cet objet qu'il calcule le formalisme dont il l'entoure, l'éclat qu'il lui prête et le cérémonial qu'il y inau-
gure. »

La vie tout entière de Napoléon donne des preuves
constantes de ce désir d'en imposer aux masses en se
plaçant sur un piédestal élevé. Cette disposition d'esprit
suggérait à l'Empereur, au lendemain d'une de ses victoires, une mise en scène curieuse : « Vous pouvez faire
imprimer le *Bulletin* et le faire lire dans tous les théâ-
tres. »

N'est-ce pas ce même sentiment qui lui dictait son
ordre du jour à l'armée, à l'occasion de la mort de
Washington ; qui, en Egypte, lui faisait assister à la
fête du Nil avec tout son état-major, et lui faisait organiser d'une façon aussi extérieure ses entrées dans les
capitales conquises ? Est-il besoin de rappeler la scène
de cabotinage grandiose qui eut lieu avant Austerlitz,

---

(1) A. SOREL, *De Boulogne à Austerlitz* (*Revue des Deux
Mondes*, 15 août 1903).
(2) Pages 146 à 185. — Les conclusions données par M. Frédéric Masson, après l'exposé des faits, forment une page historique de la plus haute et de la plus belle inspiration philosophique.

devant l'envoyé prussien, le comte d'Haugwitz (1) ?
L'imagination lutte avec la rouerie pour tromper effron-
tément et frapper l'esprit plus vigoureusement.

Même à Sainte-Hélène, l'existence de Napoléon fut
pour la galerie, tout en forme extérieure. Elle manqua de
cette simplicité qui fait la noblesse de celle de Washington.

La manière d'être de l'Empereur varie d'ailleurs selon
qu'il est dans l'intimité ou qu'il se figure parler pour la
postérité. Dans ce dernier cas, ses paroles sont empha-
tiques, ce sont des traits de feu dardés coup sur coup.
On dirait qu'un oracle parle : c'est que le grand homme
veut qu'on le juge favorablement. Ainsi que le fait remarquer Taine : « Il n'y eut jamais de plus habile et
de plus persévérant sophiste, plus persuasif, plus élo-
quent pour se donner les apparences du bon droit et de
la raison. »

Il n'est pas sans intérêt de signaler cette opinion de
Napoléon, exprimée devant le Conseil d'Etat : « L'Opéra
coûte au gouvernement huit cent mille francs par an,
mais il faut soutenir un établissement qui flatte la vanité nationale. » Ainsi se trouve précisé, dans toute sa
crudité, le grand principe de conduite de l'Empire : flat-
ter la vanité nationale par tous les moyens, même et
surtout par ceux que la scène utilise pour provoquer
l'enthousiasme et l'émotion des spectateurs.

Ces sortes de représentations publiques, où le grandiose gravite autour du ridicule, imposent l'autorité,
ose-t-on dire. Il faut de ces choses-là pour le peuple.
Il s'est trouvé des historiens qui ont prétendu que, par
l'emploi de ces formes pompeuses, Bonaparte faisait
preuve d'une profonde connaissance des secrets pen-

_____

(1) MARBOT, *Mémoires*, t. I, p. 255.

chants du cœur humain. « De pareils sentiments, chez
ceux qui sont à la tête du gouvernement, sont de nature à moraliser les peuples. » (GUILLOIS.)

On doit protester énergiquement contre une pareille
conclusion, véritable hérésie au point de vue social.
L'empire romain de la décadence amusa et occupa le
peuple avec les jeux du cirque. *Panem et circenses*. Est-
ce à dire qu'il le moralisa ? Ce n'est pas par de pareils
procédés que l'on élève l'âme d'une nation et que l'on
dirige un peuple dans la voie du perfectionnement intellectuel et moral.

IV.

**Napoléon, passé maître dans l'emploi de la force
matérielle, ignorait la véritable action morale qui
galvanise les collectivités.**

« L'opinion est plus que la moitié de la réalité », a
dit Napoléon. Tous les efforts de l'Empereur tendent à
créer cette opinion de toutes pièces. Pour atteindre ce
résultat, il n'hésite pas à employer le mensonge et la
corruption. Il avait d'ailleurs beau jeu. Le charlatanisme
théâtral, qui fait partie des moyens d'action impériaux,
ne répondait pas seulement à un besoin naturel et personnel du puissant capitaine, mais encore et surtout à la
nécessité dans laquelle il se trouvait d'aller au-devant
des désirs de la nation française. Besoin commun du
peuple et de celui qui l'asservissait : puissant levier,
puisqu'il s'appuie sur quelque chose de réel, sur ce
besoin même ; mais levier de puissance éphémère, puisqu'il exige, pour agir, la continuité dans le succès (1).

---

(1) Voir CHATEAUBRIAND, *Mémoires d'outre-tombe*, t. **IV**, p. 85.

Ainsi s'explique pourquoi le succès fut le premier et l'unique but de Napoléon. Celui-ci oublia facilement qu'il n'était pas seulement général. Au peuple qui l'avait élevé au suprême pouvoir il devait, comme chef d'Etat, la marche vers un développement de la personnalité morale collective de la nation.

Que déduire de ce qui vient d'être développé ? C'est semble-t-il, que *Napoléon ne pouvait être convaincu de l'action de la force morale.* Enfant de la Révolution, il commença sa carrière en ne reconnaissant d'autre autorité que la force et le succès. Caractère volontaire jusqu'à la dureté, que la vie n'avait pas assoupli ; nature nerveuse, irritable à l'excès ; esprit toujours orienté vers les grandes choses et les grandes lignes (1), ne s'en laissant pas détourner par de menus détails, il se laissa glisser à l'absolutisme sans remarquer en rien qu'il aboutirait à une catastrophe.

Ni les hommes, ni les choses, ni les circonstances, ni sa propre raison ne devaient imposer de contrainte à Napoléon. Sa formidable force d'impulsion lui a permis de soumettre tout à la loi qu'il édictait et de dominer les situations pendant un temps relativement prolongé. Mais pour n'avoir jamais commandé à lui-même ni à ses passions, pour n'avoir pas voulu restreindre son ambition, il a vu tous ses succès retourner fatalement dans le néant.

Aussi faut-il admettre comme principe indiscutable que c'est bien l'esprit de dévouement et d'abnégation personnelle du chef, qui est la condition morale de l'autorité de son action de commandement. Tant qu'on sent le chef pénétré du sens du devoir national, on le suit

_____

(1) « Il n'y a de beau que ce qui est grand ; l'étendue et l'immensité peuvent faire oublier bien des choses. » (Napoléon au Conseil d'Etat.)

aveuglément : il semble tenir en main le drapeau. Par contre, dès qu'on peut supposer qu'il est capable de diriger les opérations et de disposer de la vie de ses soldats dans l'intérêt de son ambition personnelle, dès qu'on le sent préoccupé d'intrigues ou soumis à des impulsions étrangères au bien public, son autorité apparaît beaucoup moins impérieuse parce qu'elle a perdu sa base morale (1).

_____

(1) Voir Mme DE STAËL, *Sur l'influence des passions*, p. 96.

IIᵉ PARTIE

INFLUENCE DE NAPOLÉON Iᵉʳ

INTRODUCTION

Napoléon Iᵉʳ, avons-nous essayé de démontrer, n'a pas cru à l'action des puissances morales individuelles. Jamais, à aucune époque de sa carrière de gloire et de perdition, il n'a pensé au développement moral de la nation qui avait abdiqué sa destinée entre ses mains.

Est-ce à dire que nous avons l'intention de nier l'influence puissante qu'il a exercée sur son époque (1) ? Loin de nous pareille prétention. Son action personnelle est incontestable : *il occupa en maître la scène du monde.* Peu d'hommes ont possédé une énergie de fascination aussi développée. A son premier geste, selon l'expression de Taine, les Français se sont prosternés dans l'obéissance. Ils y persistèrent comme dans leur condition naturelle : les uns, les petits, paysans et soldats, avec une fidélité animale ; les autres, les grands, dignitaires et fonctionnaires, avec une servilité byzantine.

Aussi, quelle que soit l'opinion que l'on professe sur la valeur morale des moyens employés, semble-t-il logique de reconnaître que Napoléon a joué, au commencement du siècle dernier et dans les origines de la France actuelle,

---

(1) Voir A. VANDAL, *L'Avènement de Bonaparte*, t. I, p. 560.

un rôle trop important pour qu'il soit possible de se désintéresser des éléments de sa puissante influence. Lui même n'ignorait pas son action personnelle. « Je serai terrible comme le feu du ciel envers mes ennemis... Tout cela va disparaître à mon arrivée, comme le nuage aux premiers rayons du soleil. » Ces termes enflammés étaient, à quelque exagération près, l'expression de la vérité. « C'est plus qu'un homme », disaient à Beugnot (1) les administrateurs de Düsseldorf. — Oui, répond Beugnot, c'est un diable. » A l'ascendant de l'esprit il ajoute l'ascendant de la force ; toute l'âme est subjuguée ; l'enthousiasme et la servilité se confondent en un sentiment unique d'obéissance passionnée et de soumission sans réserve (2).

L'action personnelle de Napoléon Bonaparte trouva dans la nation française un terrain singulièrement propice à son complet développement. « La masse du peuple est arrivée à un degré de lassitude où elle subirait tel maître qui se présenterait à elle. En France, les éléments qui agissent soit pour défendre un régime existant, soit pour le détruire, sont, malgré les apparences parfois contraires, en extrême minorité... Des deux partis d'action l'un, qui a soutenu l'ancien régime, s'est trouvé, par les mesures révolutionnaires et les guerres civiles, diminué de ses agents les plus actifs et les plus mordants... L'autre parti, celui de la Révolution, plus désemparé par ses succès que le premier ne l'avait été par ses revers, n'en avait pas moins semé sur les routes qui l'avaient conduit à l'empire napoléonien ses chefs les plus audacieux et ses soldats les plus téméraires. Absorbé presque entièrement par le nouveau régime, il lui avait fourni la plupart de ses

---

(1) BEUGNOT, *Mémoires*, t. I, p. 380, 384.
(2) *Id.*, *ibid.*, p. 395.

administrateurs, politiques, financiers, judiciaires. Une
fois en place, ces hommes s'étaient assagis ; ils avaient
trouvé les choses à leur gré ; ils ne pensaient plus qu'à
conserver les sinécures, les biens, les titres que la Révolution leur avait valus. Le parti de l'action, qui n'existait
plus par eux, ne s'était point reformé sans eux. Il n'avait
point trouvé à recruter dans la bourgeoisie des éléments
directeurs. Ce n'était pas qu'il manquât de soldats — la
France entière lui en eût fourni — mais il n'avait plus de
cadres : on ne pouvait attendre de lui ni qu'il donnât une
impulsion, ni qu'il fournît une résistance.

« La masse se trouve dès lors abandonnée à sa naturelle insouciance ; appauvrie qu'elle est d'ailleurs par les
engagements volontaires et les guerres continuelles, elle
se laissera prendre, même contre ses intérêts et ses passions, par le premier qui, Napoléon absent ou tombé,
osera s'imposer à elle.

» De sa soumission, l'Empereur conclut à son dévouement ; de son affaissement, à sa fidélité... Le champ reste
libre pour les audacieux (1). »

Bonaparte a su promettre aux paysans et aux bourgeois
la sécurité du travail, la garantie de l'ordre, la jouissance
assurée des biens nationaux, une administration vigilante
et tutélaire. Il s'impose aux anciens Jacobins par la crainte
de la contre-révolution ; il se les associe en leur pro-
mettant ce qu'ils aiment par-dessus tout : l'exercice du
pouvoir. Il s'attache les anciens nobles en leur permettant
bonheur qu'ils ne connaissent plus, de vivre dans leur
maison, de retrouver leur famille, de refaire leur fortune.
A l'armée, il donne à pleines mains les grandeurs, les richesses, les enivrements de la conquête. A tous il s'im-

---

(1) F. Masson, *Napoléon et sa famille*, t. VII, p. 7 et suiv.

pose par l'illusion toujours fuyante d'une paix glorieuse,
de la France prospère dans les frontières des Gaules...

Voilà, groupés, tous les éléments du 18 Brumaire et le
secret de la fortune du général Bonaparte (1). Au reste,
le Premier Consul ne se présente pas en despote, mais en
régénérateur ; le peuple lui en est reconnaissant ; il ne
marchande pas son crédit. Avec Napoléon il y aura un
arbitraire gouvernemental effroyable, mais jamais d'arbitraire administratif. Or c'était le contraire avant 1789. Les
Français avaient fait la Révolution pour sortir du chaos ;
ils étaient tombés de Charybde en Scylla. Aussi saluaient-
ils de leurs espérances la main qui relevait les ruines et,
avant de reconstruire, mettait en place les matériaux re-
trouvés de l'ancienne monarchie.

---

(1) M. Vandal a fort bien analysé ces sentiments dans *L'Avènement de Bonaparte,* t. II; *La République consulaire,* 1800.

CHAPITRE V

INFLUENCE PERSONNELLE DE NAPOLÉON SUR SES ARMÉES

SOMMAIRE : I. Napoléon entraîne soldats et généraux. — II. L'opposition dans l'armée. L'armée de Moreau. — III. Changement d'idées dans l'armée de 1800 à 1814.

I

Napoléon entraîne soldats et généraux.

L'armée a subi, d'une manière incontestable, le prestige du génie et de la toute-puissance, la fascination de l'invincible Enchanteur. Avec ses qualités d'excitateur et de stimulateur, avec ses dons incomparables de manieur d'hommes, Napoléon poussa les défauts et les qualités de l'armée à un degré inouï, presque surhumain.

L'on trouve chez Napoléon deux qualités que l'on rencontre rarement chez le même chef : *il est maître, aussi bien dans le commandement direct des troupes et leur direction au combat que dans le maniement des facteurs abstraits et la facilité des combinaisons stratégiques.*

Peu d'hommes, par la seule influence de leur personne, ont su comme lui entraîner le soldat et exalter l'élan des masses. Ses soldats étaient fous de lui. « Il les aurait conduits au bout du monde, dit un contemporain. C'était ce qu'il rêvait et ce rêve de son imagination, il le fit passer dans leur âme. »

Il suffit, pour le comprendre, de se remémorer l'enthousiasme du soldat à la veille d'Austerlitz. « Ceux qui ont connu la difficulté de se procurer un peu de paille, toujours si rare, pour se coucher au bivouac, apprécieront le sacrifice que fait chaque soldat en brûlant sa couche pour éclairer son général. Certes, le sacrifice du prince de Galles, brûlant jadis un billet de cent livres sterling pour éclairer son ami le duc d'Orléans qui, depuis cinq minutes, cherchait le louis d'or qu'il avait laissé tomber sur le tapis en jouant, était pour ce dernier une moindre leçon de dignité que l'action de nos soldats une preuve d'amour et d'enthousiasme pour leur illustre chef (1). »

Le génie primesautier de Bonaparte étonna de bonne heure ceux qui le virent à l'œuvre. « Il n'y a personne qui ne le regarde comme un homme de génie (2)... Il a un grand ascendant sur les individus qui composent l'armée républicaine... Son coup d'œil est sûr. Ses résolutions sont suivies par lui avec énergie et vigueur. Son sang-froid dans les affaires les plus vives est aussi remarquable que son extrême promptitude à changer ses plans lorsque les circonstances imprévues le commandent. »

Son attitude, son regard, sa façon de parler étaient d'un homme né pour commander : chacun le sentit, chacun s'inclina. « On eût dit qu'il avait reçu l'organe du commandement. L'énergie permanente de la volonté lui tenait lieu de droit divin (3). » Il était bien évident « que Bonaparte saurait se faire obéir », raconte Masséna (4).

L'originalité de ses idées, la force et l'ardeur qu'il met

---

(1) Général LEJEUNE, *Mémoires; De Valmy à Wagram*, p. 35.
(2) Rapport du général Clarke au Directoire, Milan, le 7 décembre 1796.
(3) LACRETELLE, *Histoire du Consulat*, t. II, p. 154.
(4) Voir MARMONT, *Mémoires*, t. I, p. 152; — Général baron THIÉBAULT, *Mémoires*, t. II, p. 75.

tait à les soutenir avaient quelque chose de surprenant et
de captivant. Carnot lui-même fut, dès l'abord, sous le
charme de Bonaparte. Ne lui écrivait-il pas, le 3 janvier
1797 : « Vos intérêts sont ceux de la République ; votre
gloire, celle de la nation entière (1). » Carnot avait discer-
né le génie du capitaine ; il n'avait point deviné l'homme
politique.

Partout, dans les écrits de l'époque, c'est la même unité
d'opinion. « Il y a dans cet homme extraordinaire quelque chose qui fascine et qui ensorcelle. L'être le plus
froid s'émeut devant lui. Ce n'est pas uniquement son
génie, son rang, sa réputation qui imposent ; il y a, je
crois, une sorte d'influence magnétique qui opère infailliblement sur les individus admis en sa présence, même les
plus grossiers (2). »

C'est Oudinot qui lui dit devant Heilsberg : « Sire, si
vous restez exposé à la mitraille, je vous fais enlever par
mes grenadiers et enfermer dans un caisson. » (10 juin
1807.)

C'est, à Moscou même, l'expression de cette confiance
absolue exprimée par un jeune officier : « On compte sur
un départ très prochain. On parle d'aller dans l'Inde.
Nous avons une telle confiance que nous ne raisonnons
pas sur la possibilité du succès d'une telle entreprise,
mais sur le nombre de mois de marche nécessaires, sur
le temps que les lettres mettraient à venir de France (3). »

Même après Leipzig, alors que depuis de longs mois la
victoire fuit nos étendards, le prestige exercé par Napoléon est encore extraordinaire. Tous savent que c'est à
lui, à son entêtement, à son fol orgueil, à ses fautes poli-

---

(1) Voir *Mémoires du roi Joseph*, t. I, p. 61.
(2) Général Fantin des Odoards, *Journal*.
(3) Maréchal de Castellane, *Journal*

tiques que sont dus les désastres qui vont amener les alliés sur le sol de France. « Nous ne nous illusionnons pas sur la situation ; et pourtant, l'arrivée de Napoléon à l'armée fait renaître l'espoir et même la confiance ; sa seule présence imprime au commandement une vigueur, une résolution et une énergie que nous ne connaissions plus. On se sent conduit et bien conduit (1). »

En 1815, le général Vandamme disait encore au maréchal d'Ornano : « Mon cher, ce diable d'homme exerce sur moi une fascination dont je ne puis me rendre compte C'est au point que moi qui ne crains ni Dieu ni diable, quand je l'approche, je suis prêt à trembler comme un enfant ; il me ferait passer par le trou d'une aiguille pour aller me jeter dans le feu (2). »

II

Opposition de l'armée. — L'armée de Moreau.

Il est inutile de rappeler le rôle que le pillage a joué dans l'influence exercée par Napoléon sur ses armées. Nous avons aussi signalé l'action de l'orgueil exalté par l'imagination et le succès, le besoin de se dépenser, la fougue et le trop-plein de la jeunesse. Une leçon semble découler de cette simple constatation : se sentir brave et montrer qu'on l'est, affronter les balles par gaillardise et défi, courir d'une bonne fortune à une bataille et d'une bataille à un bal, s'amuser et se risquer à l'excès, sans arrière-pensée, sans autre objet que la sensation du moment, ce n'est plus là se dévouer ; c'est se donner carriè-

---

(1) Noël, *Souvenirs militaires d'un Officier du premier Empire*, p. 250.
(2) A. du Casse, *Le Général Vandamme*, t. II, p. 585.

re. Pour tous ceux qui ne sont pas étourdis, se donner carrière, n'est-ce pas faire son chemin?

Ceux qui restèrent sur place, pauvres et malheureux, perdirent bien vite tout enthousiasme. C'est pourquoi le courant prodigieux qui avait emporté Napoléon et son armée s'arrêta vite. La lassitude venue, tous, sans verve et sans confiance, exécutèrent des ordres dans lesquels ils ne cherchaient plus une inspiration, mais seulement une consigne (1).

Toute l'armée du premier Empire ne fut pas, en effet, constamment éblouie par le brillant général. « Pour les soldats comme pour les citoyens, la guerre sans fin est contre nature. Aussi, Napoléon seul a voulu conquérir le monde. Pas un Français n'a été son complice. Ses admirateurs les plus passionnés avaient retranché leur ambition bien en dedans du cercle de ses espérances insensées... Les soldats n'avaient pas, à tous les moments, le transport au cerveau. Dans le calme, un attrait invincible les rappelait vers la patrie... Combien, en recevant le coup qui les mutilait, se sont écriés : « Tant mieux ! je reverrai encore mon père et ma mère (2) ! »

Les exemples abondent prouvant que beaucoup suivaient le chef en rechignant. Déjà pendant l'expédition d'Egypte l'enthousiasme était très superficiel. Mouton, qui gardait le franc-parler des troupes républicaines, disait sans ambages à Bonaparte : « Il ne faut pas s'y tromper ; l'armée est fatiguée, elle en a assez... elle ne montre tant d'ardeur à la bataille que dans l'espoir d'en finir demain et de s'en retourner chez elle. » Si l'on en croit la correspondance de l'armée, interceptée par les Anglais et publiée en 1798, les troupes avaient perdu tout élan. « Il

---

(1) Voir Chancelier PASQUIER, *Mémoires*, t. I, p. 202.
(2) Général FOY, *Histoire de la guerre de la Péninsule*, t. I, p. 92.

existe un mécontentement général ; le despotisme n'a ja
mais été au point qu'il est aujourd'hui... »

Il est à remarquer d'ailleurs que l'influence de Bonaparte ne s'exerça en réalité que sur les armées qui subi
rent son emprise personnelle et directe. Sous le Consulat,
l'opposition se concentra dans l'armée d'Allemagne, qui,
après la paix de Lunéville, devint un foyer d'intrigues et
de complots (1). Bonaparte connaît bien les raisons de
cette résistance. Pour la réduire, il n'hésite pas devant les
moyens : il déporte plusieurs grands chefs dans des am-
bassades ; il exile à Saint-Domingue la partie de l'armée
coupable d'être restée fidèle aux principes révolutionnaires, aux formes et aux mœurs républicaines ; il frappe
son chef Moreau pour avoir frôlé, plus peut-être que com
mis, le crime de conspiration (2).

Même sous l'Empire, pendant les années les plus res-
plendissantes de succès et de bonheur, il reste dans l'armée des milieux d'opposition, des affiliations mystérieu-
ses où s'ébauchent les complots (3).

Les *Mémoires* du général comte de Saint-Chamans,
comme ceux de Phillipe de Ségur, analysent avec précision et notent avec détails le développement du mécontentement de l'armée. Après Eylau, quand Napoléon
« passait devant les troupes, au milieu des cris de : Vive
l'Empereur ! j'entendis beaucoup de soldats crier : Vive

---

(1) Voir *Mémoires de Gouvion-Saint-Cyr*, t. II, p. 102. —
Voir dans la *Revue* du 15 février 1905 un article du commandant E. Picard, sur *Un rival de Bonaparte*, ainsi que l'admirable
ouvrage du même auteur : *Bonaparte et Moreau*.

(2) Voir La Fayette, *Mémoires*, p. 209, p. 214, note 1 ; —
Hyde de Neuville, *Souvenirs*, t. I, p. 487 ; — Barras, *Mémoires*,
t. II, p. 155 ; — Desmarest, *Quinze ans de haute police sous le
Consulat et l'Empire*, p. 102, p. 110, note 1.

(3) Voir Guillon, *Les Complots militaires sous le Consulat et
l'Empire* ; — Desmarets, *Quinze ans de haute police sous le Consulat et l'Empire*.

la paix ! d'autres : Vivent la paix et la France ! D'autres
enfin criaient : Du pain et la paix (1) ! »

III

Changement d'idées dans l'armée de 1800 à 1814.

Napoléon ne semble pas avoir remarqué combien l'esprit de l'armée a varié de 1800 à 1814. Farouche, républicaine, héroïque à Marengo, elle devint progressivement
égoïste et monarchique. C'est qu'à César succédait Charlemagne ; Napoléon était moins empereur français
qu'empereur d'Occident (2).

A mesure que les uniformes se brodèrent et se chargè-
rent de croix, ils couvrirent des cœurs moins généreux.
Le besoin de repos de la masse de la nation avait gagné
les compagnons d'armes de Napoléon. Ces hommes, sor-
tis pour la plupart des rangs inférieurs de l'armée, étaient
parvenus au comble des honneurs militaires. Gorgés de
butin, enrichis par la générosité calculée de l'Empereur,
ils désiraient jouir de la grande situation à laquelle ils
étaient parvenus (3). Les généraux français ressemblaient
à ces joueurs timides qui, s'étant mis au jeu avec un louis,

---

(1) Général comte DE SAINT-CHAMANS, *Mémoires*, p. 60 ; — Voir
SAVARY, *Mémoires*, t. III, p. 23 ; — Ph. DE SÉGUR, *Histoire de
Napoléon et de la Grande Armée pendant l'année 1812*, t. I,
p. 263 ; — *Id.*, *Histoire et Mémoires*, t. VI, p. 2 ; — Chancelier
PASQUIER, *Mémoires*, t. I, p. 292 ; — MARMONT, *Mémoires*, t. VI,
p. 8 à 10 ; — BELLIARD, *Mémoires*, t. I, p. 125 ; — H. HOUSSAYE,
1814, p. 4.
(2) Sur ce sujet, se reporter aux *Mémoires du maréchal Marmont*, t. I, p. 180-193 ; — aux *Mémoires de Stendhal sur Napoléon* ; — au Rapport d'Antraygues (Yung, t. III, p. 170-171) ; —
au *Mercure britannique*, de Mallet-Dupan ; — à la *Chartreuse
de Parme*, de Stendhal, chap. Iᵉʳ.
(3) BERTHEZÈNE, *Souvenirs militaires*, t. I, p. 329.

cherchent tous les prétextes pour quitter la partie quand
ils ont gagné une somme considérable, mais qui, ne pouvant y parvenir, finissent par perdre leur gain et le peu
qu'ils ont risqué. Le temps était bien loin où chacun,
content de la place qu'il occupait, n'avait qu'une seule
pensée, celle de concourir au bien général, et qu'un
seul désir, celui d'obtenir, comme la plus douce des ré-
compenses, l'estime de ses camarades. Un essaim de jeunes gens, des anciennes et des nouvelles familles, souvent sans capacité et à coup sûr sans modestie et sans
expérience, en s'introduisant dans l'armée, y avaient apporté un tout autre esprit (1). »

Chaque année amenait une diminution dans l'instruction, dans la discipline, dans la patience, dans l'exacti-
tude, dans l'obéissance (2). En 1813 et 1814, quelques
généraux comme Davout et Suchet soutenaient encore
leurs troupes ; malheureusement la plupart semblaient se
mettre à la tête du désordre. On ne rencontrait plus dans
les chefs cette unité d'efforts, cette simultanéité d'action, cette bonne volonté, ce zèle qui suppléent parfois
aux talents et qui sont toujours si nécessaires pour la
réussite des grandes entreprises. Les uns restaient dans
une inaction coupable ou agissaient avec mollesse, d'autres trahissaient et Napoléon lui-même négligeait les mesures de sagesse et de prévoyance qu'il eût dû regarder
comme indispensables.

« Dès 1805, les maréchaux donnent chaque jour des
marques de la mauvaise harmonie qui règne entre eux.
Il va sans dire que toutes les fautes de Berthier ou de
l'état-major général sont relevées avec soin et signalées
à l'Empereur, et elles ne sont pas rares. Les maréchaux

(1) BERTHEZÈNE. *Souvenirs militaires*, t. I, p. 329.
(2) Sur la désobéissance à l'Empereur, voir H. HOUSSAYE, *1814*,
p. 443.

ne sont pas plus bienveillants entre eux que vis-à-vis du major général... Bref, on imagine avec peine ce que la Grande Armée deviendrait d'un jour à l'autre, si l'Empereur venait à disparaître (1). »

On peut dès lors concevoir ce que devait être l'armée après la campagne de 1813. Elle « ne savait plus faire masse... J'ai vu 22 cosaques, dont le plus âgé n'avait pas vingt ans et deux ans de service, mettre en désordre et en fuite un convoi de 500 Français où se trouvaient cinq généraux, et cela dans la campagne de Saxe, en 1813. Ils n'auraient rien fait contre l'armée républicaine de Marengo » (2).

---

(1) D'ALOMBERT et COLIN, *Campagne de 1805.*
(2) STENDHAL, *Œuvres posthumes; Napoléon*, p. 49. — Voir H. HOUSSAYE, *1814*, p. 28.

CHAPITRE VI

INFLUENCE PERSONNELLE DE NAPOLÉON SUR SES ADVERSAIRES.

SOMMAIRE : I. On craint le génie militaire de Napoléon; on le croit invincible. — II. Le réveil moral des peuples européens; les idées de nationalité.

I

On craint le génie militaire de Napoléon; on le croit invincible.

Il est à remarquer que l'action personnelle, puissante et irrésistible de Napoléon s'exerça non seulement sur les troupes que le puissant gén'e militaire conduisait à la victoire, mais encore sur ses adversaires (1). Son nom leur faisait une impression qui fut signalée, dès 1796, comme un sentiment naissant, mais intéressant à remarquer. « Si la terreur qu'avaient inspirée nos victoires et le voisinage de nos armées se dissipe un seul jour, tout est perdu », disait Miot de Mélito. Un officier écrivait à un membre du Conseil des Cinq-Cents : « Un revers serait le signal de notre destruction. » Azara mandait à Godoi : « Si Bonaparte éprouve le moindre contretemps... pas un Français ne repassera les Alpes. »

---

(1) Voir METTERNICH, *Mémoires et Écrits divers*, t. I, p. 69.

La clef de l'histoire de la Bérésina, est-ce autre chose
que la réputation de Napoléon qui a vécu un moment
sur un capital longtemps amassé ? Tchitchagov, pas plus
que les autres d'ailleurs, n'a osé tirer la porte sur l'en-
clos où était enfermé le lion blessé.

Mais en 1813, les peuples de l'Allemagne relèvent la
tête ; ils accourent sur le passage des débris de la
Grande Armée pour compter ses blessures, pour éva-
luer, par la grandeur de ses maux, ce qu'ils pouvaient
se promettre d'espérance. « La Prusse pouvait relever la
tête : la Grande Armée n'était plus qu'un simulacre et
l'immense épouvantail du mois de juin qu'un objet de
dérision pour les Prussiens. » (A. SOREL.)

Et cependant, en 1814, les alliés hésitent longtemps
à envahir le territoire français. « Quand je me représente l'immense supériorité militaire de Napoléon et
l'impossibilité de prévoir s'il ne trouvera pas dans son
génie un moyen de déjouer les combinaisons les plus
menaçantes pour lui ; quand je me figure les armées
russe et prussienne et la conduite des opérations telle
qu'elle est, et telle que nous la connaissons de reste ;
quand je considère l'armée autrichienne telle qu'elle sera
selon toutes les probabilités, telle qu'elle est forcément
avec tout ce qui lui manque ; quand se présente à mon
imagination l'éventualité d'un de ces coups de foudre
familiers à Napoléon, qui lui permettrait de disperser
les forces alliées, de les poursuivre et de les détruire isolément... je me dis souvent que j'accepterais les yeux
fermés la paix, même à des conditions très médiocres (1). »

Les alliés ont une supériorité numérique incontestable ;
malgré cela, ils ne se croient pas assez forts pour être
sûrs de la victoire lorsque l'Empereur commande en

_____

(1) Gentz à Metternich, mai 1813.

personne (1). Qu'on se rappelle ce conseil de Moreau :
« Attaquez partout où il n'est pas ; refusez la bataille
partout où il est (2). »

Blücher nous a laissé de nombreuses preuves de cette
cause singulière, mais très réelle, des succès des armées
impériales. « Que je le batte une fois, disait-il de Napoléon, et il est perdu. » Le 23 avril 1813, Metternich écrivait à Nesselrode : « Une bataille perdue par Napoléon
et toute l'Allemagne est sous les armes. » Le charme
fut rompu à la Katzbach, à Kulm ; Leipzig en fut la
conséquence.

Aussi telle devint en peu de temps la confiance des
Prussiens qu'en 1814 Blücher, continuellement battu, ne
cessait d'aller de l'avant, au cri unanime de ses soldats :
« Vorwaerts ! » Il disait à Schwartzenberg, dans un conseil de guerre : « Oui, oui, je marche sur Paris, avec
mon armée battue. »

C'est que les alliés étaient convaincus, à cette époque,
de la non-invincibilité de Napoléon. Pour obtenir cette
conviction, il avait suffi d'un échec. Le reflux commen-
çait ; l'histoire changeait de cours (3).

---

(1) Voir Henry HOUSSAYE, 1814, p. 115, 351, 360.
(2) Voir JOMINI, Précis politique et militaire des Campagnes
de 1813 et 1814, t. II, p. 238-239.
(3) Un espion de Wellington compare l'armée reformée par
Napoléon en 1815 à celle de 1792. Jamais Napoléon n'avait eu
dans la main un instrument de guerre si redoutable ni si fragile. Il se faussa dans sa main même et se rompit sans que ni
lui ni ses soldats pussent comprendre pourquoi la journée de
Waterloo ne finissait pas comme celle d'Austerlitz ou celle d'Iéna.
« Les physiciens, pour expliquer les phénomènes de la lumière,
du son, de la chaleur, supposent l'existence d'un fluide impondé-
rable où nous vivons comme baignés et dont les vibrations ébran-
lent nos nerfs. Il faut bien admettre quelque chose d'analogue
dans le monde des âmes, dans le monde de l'émotion, de la passion et de l'action humaine : une sorte d'atmosphère qui se mo-
difie incessamment et insensiblement, qui a ses dépressions lour-
des et ses envolées de brises vivifiantes, ses calmes et ses tem-

Réveil moral des peuples européens; les idées de nationalité.

Mais ce qui ne changeait assurément pas, c'est la loi historique qui veut que *la victoire définitive soit à l'armée que meuvent le patriotisme et les idées de liberté du sol national.*

Déjà, en 1809, le prince Frédéric-Charles disait à ses troupes : « La liberté de l'Europe s'est réfugiée sous vos drapeaux ; vos victoires feront tomber ses chaînes, et vos frères de la Germanie, encore aujourd'hui dans les rangs ennemis, attendent de vous leur délivrance. » — « Il nous fallait avoir raison moralement, dit Metternich dans une lettre du 3 octobre 1813, afin de pouvoir faire triompher notre droit matériellement. »

Il est à remarquer, en effet, qu'à partir de 1808 s'esquisse un mouvement de soulèvement des peuples contre le despotisme de Napoléon. Il les a froissés si à fond dans leurs intérêts, si à vif dans leurs sentiments ; il les a tellement foulés, rançonnés, appliqués par contrainte à son service ; il a détruit, outre les vies françaises, tant

---

pêtes ; elle semble dans les crimes se dénaturer et nous dénaturer au point que nos impressions et nos actes nous surprennent et nous déconcertent : nous ne nous reconnaissons plus. Bref, comme dit le peuple, il y a l'air du temps, qui influe sur toutes choses. Or, le vent a tourné. Il souffle en ouragan contre les Français ; il les aveugle tantôt de poussière, tantôt de pluie, toujours de la fumée de leurs propres armes. Il porte, au contraire, l'ennemi, et fait le jour devant ses pas. » (A. SOREL, *L'Europe et la Révolution française*, t. VIII, p. 444.)

de vies espagnoles, italiennes, autrichiennes, prussiennes, suisses, bavaroises, saxonnes, hollandaises ; il a tant tué d'hommes en qualité d'ennemis ; il en a tant enrôlé et fait tuer sous ses drapeaux en qualité d'auxiliaires, que les nations lui sont devenues plus hostiles que les souverains. « Nos Français se flattent de semer dans le monde l'idée abstraite de liberté ; la graine change d'espèce sous leurs doigts ; ils y sèment l'idée d'indépendance nationale et, par une conséquence inéluctable, de réaction contre nous. Notre esprit révolutionnaire, humanitaire, se métamorphose au dehors en esprit nationaliste, strictement particulariste. Le mouvement qui devait, dans l'intention de ses propulseurs, unifier tous les peuples, a pour objet de les séparer, de les spécialiser, de raffermir chacun d'eux dans son individualité. De ce mouvement est sorti le siècle des nationalités (1). »

Partout, en Europe, le paysan se lève à l'appel de son prince, de ses prêtres, de ses nobles, comme aux temps anciens, contre l'envahisseur et contre l'étranger. Peu à peu l'invasion rapace et brutale a produit ses effets : elle a semé sur son chemin l'idée de l'indépendance ; elle a proposé orgueilleusement les Français en exemple. Mais « le mépris qu'ils montrent au pauvre peuple de son obséquiosité à ses maîtres, à eux-mêmes, éveille chez ce peuple la dignité humaine, le sentiment qu'il a une patrie, qu'il appartient à une nation et que ni cette patrie ni cette nation ne sont vouées à servir de champ de bataille, de cantonnements, de casernes aux autres (2). » (A. SOREL.)

La grande éruption des peuples a couvé sous les armées d'Austerlitz et d'Iéna pour éclater en 1813. En 1814, Witt-

---

(1) Eugène-Melchior DE VOGÜÉ. *Revue des Deux Mondes*, n° du 1er février 1901.
(2) Voir FIÉVÉE, *Correspondance et relations avec Bonaparte, de 1802 à 1813*, t. III, p. 182 (décembre 1811) ; — Lieutenant-colonel CLERC, *Capitulation de Baylen*, p. 10, 51.

genstein disait à ses compatriotes : « Vous trouverez dans vos rangs le fils du laboureur à côté du fils du prince. Toute distinction de rang est effacée par ces grandes idées: le roi, la liberté, l'honneur et la patrie. » Un autre général ajoutait : « Peuples, soyez libres, venez à nous... nous sommes tous des hommes libres (1). » La cour de Russie peut écrire en février 1814 : « La chute de Napoléon sera un bienfait et le plus grand exemple de justice et de morale que l'on puisse donner au monde. »

Les vieux souverains de l'Europe comprenaient, mieux que Napoléon, les nécessités du moment. Le mot de *liberté*, dans leur bouche, n'était, il est vrai, qu'un prétexte, mais il a suffi pour électriser leurs armées et les conduire jusqu'à Paris (2).

─────────────────────────

(1) Voir Ph. DE SÉGUR, *Histoire et Mémoires*, t. VI, p. 96, 203 et suivantes.
(2) Voir BERTHEZÈNE, *Souvenirs militaires*, t. II, p. 228.

CHAPITRE VII

INFLUENCE PERSONNELLE DE NAPOLÉON SUR LA NATION FRANÇAISE

I

Le paysan et le bourgeois voient en Napoléon une garantie de la révolution agraire.

L'influence personnelle de Napoléon sur l'ensemble de la nation française est d'un caractère relativement compliqué. L'évolution de cette influence demande d'être analysée avec beaucoup de précision, si on veut en saisir tous les éléments.

Napoléon s'était imposé comme l'incarnation de la Révolution française. Il l'a dit ; il l'a cru : longtemps les Français, longtemps les peuples d'Europe l'ont dit et l'ont cru avec lui.

La vibrante réponse de Léoben avait frappé l'esprit des foules : « La République française ne veut point être reconnue ; elle est en Europe ce qu'est le soleil sur l'horizon ; tant pis pour qui ne veut pas la voir et ne veut pas en profîter. » On se rappelait également qu'il avait dit aux députés de Venise : « Jamais je ne prêterai mon secours contre des principes pour lesquels la France a fait la Révolution. »

Pour la nation tout entière, ainsi que le constate Albert Sorel : « République, égalité, liberté civile, indépendance, dignité de la nation, gloire des armées, limites du Rhin, ces idées étaient inséparables ». Bonaparte représentait la porte fermée au retour du passé ; la journée du 18 Brumaire ne peut s'expliquer d'ailleurs que par la conviction où était tout le monde qu'en prenant le gouvernement, Bonaparte assurait la République et garantissait la Révolution.

C'est pour cela que le paysan français fut son appui le plus sûr. C'est parce qu'il le comprenait ainsi, c'est parce qu'il voulait rester en possession de la terre qu'il avait prise, biens de nobles et de prêtres, qu'il a lié ses intérêts à ceux de Bonaparte et qu'il l'a assis sur le trône impérial.

Pour le sol auquel il tient de toutes les fibres de son âme ce paysan a renié sa religion, son roi, sa langue, ses coutumes ; il n'exige qu'une seule chose, mais pour elle il supportera toutes les tyrannies : il veut l'assurance de rester le propriétaire du sol ; il a besoin de la certitude de n'avoir rien à craindre d'un réveil du passé (1).

C'est là le principal, l'unique objet que voit le paysan de France et qui le touche : la *révolution agraire consommée*, le titre de propriété incommutable de sa terre (2).

---

(1) Voir SABATIER, *La psychologie juridique de Napoléon.* (Revue hebdomadaire du 21 mars 1908.)

(2) Il y aurait un sérieux intérêt à discuter cette proposition de Proudhon : « La Révolution a été corrompue, et la nation avec elle, par la vente des biens nationaux. » (PROUDHON, *Napoléon Ier*, p. 45.) Bien que cette formule semble excessive, elle contient une grande part de vérité. La Révolution française fut avant tout une translation de propriété. Aux yeux de la grande majorité de la nation, c'est-à-dire des masses rurales, la question capitale et décisive, en 1789, c'était l'affranchissement complet

Pour continuer à posséder cette terre, le paysan doit s'opposer énergiquement à un retour des royalistes, qui aurait supprimé l'égalité, dépouillé le citoyen des biens ainsi acquis, arrêté les espérances de travail et de bien-être. C'est ainsi que le paysan était associé à la destinée de l'Empereur.

Napoléon garantit également son bien au bourgeois rural qui a acheté à vil prix les grandes terres, les châteaux, les abbayes. Le bourgeois reporte au chef militaire son attachement profond pour la Révolution. De là un très vif enthousiasme pour Bonaparte qui, au Conseil d'État, avait dit : « Le premier devoir du peuple français, la première politique de la République sera toujours de maintenir intacts et sans aucune espèce de distinction les acquéreurs de biens nationaux. En effet, avoir eu confiance dans la République lorsqu'elle était attaquée par l'Europe entière, avoir uni son sort et son intérêt privé au sort et à l'intérêt général, ce sera toujours un acte mémorable aux yeux de l'État et du peuple. »

II

Napoléon considéré comme héritier de la Révolution. Napoléon et la popularité.

La poussée vers Bonaparte fut démocratique, nationale ; elle ne raisonna pas, elle fut. C'est tout ce que vit l'ambition de Bonaparte. Il ne se rendit pas compte des sentiments, des intérêts et des idées dont cet enthousiasme était la résultante : au milieu des éléments disparates, divers et

---

du sol par la disparition des redevances et servitudes coutumières, connues sous le nom de droits féodaux.

souvent médiocres, il ne voulut pas en voir les causes profondes et vivaces.

La France s'est donnée à ce jeune général avec toute sa fougue et tout son cœur (1). Elle a fait de son nom le drapeau du pays vis-à-vis de la contre-révolution (2). L'entraînement suivit son cours. Les Français fermèrent les yeux et n'opposèrent aucun obstacle à l'envahissement d'une personnalité rayonnante. Bonaparte demeura longtemps pour eux l'enfant de la Révolution. « Notre pays sacrifia tout à la gloire ; il se livra pieds et poings liés à un homme, sans exiger de lui le moindre gage pour le maintien des libertés les plus nécessaires, sans sauvegarder les principes de la Révolution si souvent invoqués et toujours violés (3). »

C'est que la France avait souffert toutes les violences des discordes civiles et des discordes politiques ; elle avait traversé toutes les misères, subi toutes les angoisses, éprouvé toutes les terreurs. Aussi, c'est de toute son âme qu'elle se livre à Bonaparte : elle a confiance en lui pour assurer la paix à l'extérieur et le calme à l'intérieur ; elle lui donne comme mission de refermer le gouffre anarchique, de débrouiller les choses et d'assurer à jamais le triomphe des principes de 89 (4).

Napoléon pouvait, non sans raison, se considérer comme très populaire : « Sachez, disait-il au Conseil d'Etat, que le peuple ne voit, ne connaît que moi : il me trouve toujours sans injustice, sans préférences. Or il voit, il touche, il comprend tout cela et rien de plus, rien surtout de la métaphysique. Non que je repousse les vrais, les grands

---

(1) Voir MICHELET, *Histoire du* XIXe *siècle*, t. I, p. 348-352.
(2) Voir l'explication philosophique de ce fait historique dans P.-J. PROUDHON, *Napoléon Ier*, édition Clément Rochel, p. 21.
(3) Augustin CHALLAMEL, *Histoire de la Liberté en France*, t. II, p. 77.
(4) Voir Comte CHAPTAL, *Mes Souvenirs sur Napoléon*, p. 213.

principes, le ciel m'en préserve ! On me les voit pratiquer
autant que nos circonstances extraordinaires le permettent;
mais je veux dire que le peuple ne les comprend pas
encore, au lieu qu'il me comprend tout à fait et s'en fie
à moi. »

Mais, en réalité, le régime impérial pouvait-il avoir autre chose de populaire que l'étiquette ? Issu de la Révolution, ne se soutenant que par la Révolution, il prétendait
la renier. Il invoquait le suffrage universel et voulait la
dynastie, deux termes qui jurent l'un à côté de l'autre.
Aussi, au point de vue politique, les classes inférieures
furent en réalité inconnues à l'Empire. Leur sommeil
quasi léthargique dura dix années pendant lesquelles
Napoléon resta la clef de voûte de tout l'édifice (1).

III

L'opposition dans la nation. Influence du guet-apens de Bayonne. Conspiration de Malet. Invasion de 1814.

Et pourtant, en face de la France qui veut se dresse une
faction qui ne veut point. Contre Bonaparte et le peuple se
crée une opposition redoutable, aristocratie qui raisonne et
discute. Qu'on ne nie pas cette résistance : elle a ses foyers
au Sénat, au Tribunat, dans le Corps législatif, dans l'Ins-
titut et même dans l'armée. C'est une minorité ; mais ses
chefs, épiant sans cesse l'instant d'agir, suivront Napoléon
à travers ses succès. Longtemps ils en sont restés à l'at-
tente, aux jalousies sourdes, aux confidences à l'oreille,
aux perfides insinuations. En coalisant contre l'Empereur

---

(1) Voir A. CHALLAMEL, *Histoire de la Liberté en France*,
t. II, p. 82.

les intérêts, les rancunes et les haines, ils ont fini par le mettre à bas et l'écraser (1).

C'est que Napoléon n'a jamais compris que sa force était faite de celle de la nation. Il n'a jamais senti que la valeur de son armée était solidaire de celle du peuple, de ce peuple qui n'était pour lui qu'une réserve où il croyait pouvoir puiser à pleines mains pour combler les vides creusés par la mitraille et la mort. Il n'a jamais pensé que cette réserve, qu'il jugeait avec raison intarissable, pût un jour se fermer volontairement. Comment aurait-il pu donner une pensée à la nation qui le suivait docilement, semblait-il, dans sa marche triomphale à travers l'Europe ? Le jour où, fatigué, se relevant avec toute la lucidité de son bon sens, le peuple français sentit qu'il était berné, trompé, il abandonna son maître : celui-ci sombra et rentra dans le néant (2).

Il est instructif à plus d'un titre de remarquer que la nation suivit Napoléon tant qu'il fit résistance à la lutte désespérée de l'Europe monarchique contre la société nouvelle, issue de la Révolution française. Mais elle l'abandonna progressivement lorsqu'il devint l'agresseur dans le seul but d'augmenter son pouvoir personnel et d'illustrer sa gloire d'un éblouissant mais inutile rayon.

Il serait difficile, sinon impossible, de préciser le moment exact de cette désaffection. Comme tous les événements politiques et sociaux, elle eut une préparation lente ; lorsqu'elle éclata en plein jour, elle avait pénétré tous les mécanismes de la société ; son œuvre était complète.

On peut en constater les premiers effets peu après que Napoléon eut placé sur sa tête la couronne impériale. En 1805, à la veille d'Austerlitz, l'inquiétude et le mécontente-

---

(1) Voir H. HOUSSAYE, *1814*, p. 436.
(2) A. SOREL, *De Boulogne à Austerlitz* (*Revue des Deux Mondes*, 15 septembre 1903).

ment percent à Paris. A Marseille, à une inauguration d'un buste de l'Empereur, le public crie : « A bas le buste ! A bas l'Empereur ! » Partout les fonctionnaires s'agitent, se troublent, insuffisants.

« On commence à trouver l'Empereur compromettant pour l'Empire. Son génie a accompli l'ouvrage, son ambition le gâtera. Sa mort ne serait plus, comme au temps de Marengo, une catastrophe de l'Etat : ce serait un deuil tout au plus. L'ordre renaîtrait de soi-même avec toutes ses garanties (1). »

En 1808, alors que son astre n'avait pas encore pâli, Napoléon disait au Conseil d'Etat : « Les choses ne sont pas solidement établies en France ; la constitution ne donne pas assez de force au gouvernement et, là où le gouvernement est faible, l'armée gouverne. Un caporal pourrait s'emparer du gouvernement dans un moment de crise. »

L'odieux guet-apens de Bayonne, la proclamation de Joseph roi d'Espagne eurent un profond retentissement dans l'âme française (2). L'effet de ces nouvelles fut déplorable ; le prestige de Napoléon en fut définitivement atteint. « A part les fanatiques, pour lesquels l'infaillibilité s'incarne dans Napoléon, la réprobation est générale (3)... »

L'indignation, l'irritation que causent ces événements retombe sur Napoléon seul. « Il veut donc imposer à la France une guerre perpétuelle pour satisfaire son orgueil et l'ambition de sa famille ? Le mécontentement est d'autant plus vif et plus général que les débuts de cette

---

(1) A. SOREL, De Boulogne à Austerlitz (Revue des Deux Mondes, 15 septembre 1903).

(2) Voir Lieutenant-colonel CLERC, Capitulation de Baylen, p. 5.

(3) NOËL, Souvenirs militaires, p. 55 ; — Voir GOUVION-SAINT-CYR, Journal des opérations de l'armée de Catalogne, p. 275.

guerre inique ayant été malheureux, nous imposent de nouveaux sacrifices et que les conscriptions de 1809 et de 1810 ont été devancées au désespoir des familles. Il fait de nos enfants, entend-on dire partout, de la chair à canon ; c'était bien la peine de renverser un roi pour se donner un tyran (1). »

La *conspiration de Malet* (octobre 1813) ne suffit-elle pas à montrer que l'Empire n'était qu'un colosse aux pieds d'argile, dont l'existence ne tenait qu'à la vie d'un seul homme ? « On n'aurait pas surpris par de tels moyens un Etat libre, dit Thiers, Dans un Etat despotique, le téméraire qui met la main sur le ressort essentiel du gouvernement est le maître. »

Un pareil événement aurait dû faire comprendre à Napoléon que tout en croyant faire de la monarchie au profit de son fils, il n'avait fait que du pouvoir dont toute la résistance résidait en sa propre personne. Au moral, comme au physique, on ne s'appuie efficacement que sur ce qui résiste : tant qu'un corps politique ne résiste pas dans l'occasion, sa chute est prochaine. « Je me sentis bien moins choqué, dit l'Empereur, de l'entreprise du coupable que de la faiblesse avec laquelle ceux-mêmes qui m'étaient le plus attachés se seraient rendus complices. Un homme est-il donc tout ici ? Les institutions, les serments, rien ? »

Oui, en France, un homme était tout. Autour de lui, le silence, l'obéissance moins prompte ; point de conseils ou de critiques, mais nul ressort ; les cerveaux semblent vides. Tout retombe sur lui seul ; il sent que la foi a

---

(1) NoËL, *Souvenirs militaires.* — Pendant les fêtes du baptême du roi de Rome, le peuple de Paris resta silencieux, sans le moindre enthousiasme. — Voir Fr. MASSON, *Napoléon et son fils,* p. 165,

disparu (1). Mais à qui donc cet homme avait-il le droit
de reprocher cet état de choses (2) ?

Le malheur s'approchait à grands pas. Bientôt c'était
l'Europe évacuée par nos troupes ; c'étaient les royautés
vassales effacées, la France même dont il fallait défendre
le sol contre l'Europe coalisée. Cette défense, notre pays
énervé par le despotisme impérial n'en est plus capable.
La désillusion est venue chez ceux-là même qui ne l'aban
donnent pas. Chez les autres, l'envie, la lassitude et —
qui sait, au fond ? — quelque vague indépendance républicaine, remplacent les sentiments et la servilité dont ils
faisaient parade la veille encore. Depuis l'aventure de
Malet, le voile est déchiré et, derrière le voile du temple,
on découvre, comme au temps des anciens dieux, des mar-
bres inertes et un sanctuaire vide.

L'*invasion* de 1814 terrifia la population, mais la France
abattue n'eut pas un frémissement de révolte : « L'idée
métaphysique de la patrie violée, qui, en 92, avait eu,
quoi qu'on en puisse dire, tant d'action sur un peuple
jeune ou rajeuni par la liberté, cette idée ne souleva pas
un peuple vieilli dans la guerre, las de sacrifices et avide
de repos. Loin que l'invasion, dans les premiers temps,
élevât les cœurs et donnât à l'Empereur une force morale
sur laquelle il était en droit de compter et dont il avait
tant besoin, l'esprit public s'affaissa plus encore (3). »

---

(1) Voir A. Sorel, *L'Europe et la Révolution française*, t. VIII, p. 39.
(2) Napoléon n'ignorait pas cette cause de faiblesse de son
Empire lorsque, à Dresde, en 1813, il disait à Metternich : « Ma
domination ne survivra pas au jour où j'aurai cessé d'être fort,
et par conséquent craint. » (Metternich, *Mémoires*, t. I, p. 148.)
— Voir *Souvenirs du feu duc de Broglie*, t. I, p. 235 ; — Fain,
Manuscrit de 1813, t. II, p. 26 ; — Fr. Masson, *Napoléon et son
fils*, p. 236. — « Le respect qu'on avait pour moi était grand tant
que j'étais craint ; mais n'ayant pas le droit des légitimes, deman-
dant assistance, vaincu enfin, je n'avais rien à espérer », rapporte Gourgaud.
(3) Henry Houssaye, *1814*, p. 15, 23. — Voir *Mémoires de Carnot*, par son fils, t. II, p. 353.

« La soumission des habitants encourage les alliés », écrit de Châtillon, le 31 janvier, le duc de Vicence. Il ajoute, le 3 février : « Il n'y a plus d'énergie en France. » Le maréchal Mortier écrit de Chaumont (16 et 17 janvier) : « L'inertie est partout la même. » Le sous-préfet de Vervins écrit au préfet de l'Aisne, le 10 janvier : « Dans la foule, il n'y a que mollesse et lâcheté. Je vois tous les habitants sans émulation et sans énergie, insensibles à la honte d'une invasion. »

La chute de Napoléon, si elle n'avait pas été produite par la haine de l'Europe, serait fatalement arrivée par le soulèvement du peuple français ; car l'ambition avait fait oublier au grand capitaine le principe même et la juste raison d'être de sa présence à la tête de la nation (1). Il est des circonstances où les principes peuvent, sans le secours d'aucun élément étranger, sortir de l'oubli le plus profond et apparaître tout d'un coup comme une ressource à laquelle les peuples sont heureux de s'attacher comme à une planche de salut.

IV

Les Cent-Jours. Sentiments de la nation française. — Le mouvement populaire.

Quelques auteurs ont dit que l'affection du peuple pour Napoléon Iᵉʳ avait seule pu permettre les *Cent-Jours*. Nous ne le croyons pas (2). Cet événement fut une réac-

_____

(1) Voir Henry HOUSSAYE, *1814*, p. 5; A. SOREL, *L'Europe et la Révolution française*, t. V, p. 488; t. VIII, p. 414; — Comte DE WALDBURG-TRUCHSEN, *Nouvelle Relation de l'itinéraire de Napoléon de Fontainebleau à l'île d'Elbe*, p. 22 à 37.

(2) Voir Général baron THIÉBAULT, *Mémoires*, t. V, p. 262 et suiv.

tion énergique du sentiment national contre les tendances de la royauté bourbonnienne vers les choses et les hommes de l'ancien régime et contre le récent triomphe de l'étranger (1). « Le retour de l'île d'Elbe ne fut pas autre chose qu'une révolution provoquée par la réaction légitimiste », avoue Napoléon lui-même. Lavalette constate de son côté que « les onze mois du règne de Louis XVIII avaient ramené la France à 1792 ».

C'est qu'en effet l'armée et, plus encore, la population civile avaient eu à souffrir de la Restauration. On comprend l'enthousiasme des officiers en demi-solde. L'armée elle-même voit dans Louis XVIII la personnification de la défaite et du démembrement. Les soldats le regardent comme étranger à leurs sentiments, à leurs traditions, à leur gloire. Ne sont-ils pas laissés sans solde régulière, en haillons, pieds nus ? De plus, n'a-t-on pas proscrit leur drapeau ?

Le *mouvement populaire* est très variable suivant qu'on l'étudie à Paris ou qu'on l'examine en province. Le débarquement de Napoléon au golfe Jouan provoqua, dans la capitale, la stupeur et la colère. Il eut pour conséquence immédiate un élan en faveur de la royauté dont « le gouvernement, sans gloire et sans honneur, lui assurait du moins le repos (2) ».

Plus que Paris, la province avait souffert de la réaction, des vexations des nobles, des menées des prêtres ; elle craignait la dîme, l'invalidation des ventes nationales. La bourgeoisie riche réprouvait évidemment l'entreprise de Napoléon : elle avait peur de la guerre ; mais elle ne fit pas montre extérieure de son dépit, car elle gardait au cœur les blessures de sa vanité froissée par le nouvel état de choses.

---

(1) Voir BERTHEZÈNE, *Souvenirs militaires*, t. II, p. 336.
(2) Voir *Journal des Débats*, 8 et 9 mars 1815 ; — Henry HOUS-SAYE, *1815*, t. I, p. 265 et suiv.

Il est bien réel que la fascination de la Redingote grise
ne fit pas tout. « La cocarde de 89 entraîna le peuple,
ulcéré par l'arrogance, les menaces, les revendications
des prêtres et des nobles qui prétendaient traiter les campagnes en pays conquis. » (H. Houssaye.)

D'une manière générale, dans la province, on salua dans
le drapeau tricolore le signe d'un second affranchissement. « La haine de l'ancien régime, le contentement de
relever la tête, le plaisir envieux de voir les vaines colères
et la mine déconfite des seigneurs de village l'emportaient
sur toutes les appréhensions (1). » C'est d'ailleurs ainsi
que Napoléon se présenta lui-même aux Français : « Je
suis venu pour tirer les Français de l'esclavage où les
prêtres et les nobles voulaient les plonger... » Napoléon
se donnait encore une fois comme chef de la Révolution,
et c'est comme tel qu'il fut acclamé du golfe Jouan à
Paris.

Napoléon a parfaitement senti qu'il ne pouvait rien
sans l'appui de la population française. Lorsque, en 1815,
il appelle Benjamin Constant auprès de lui, ne lui dit-il
pas : « Je ne suis pas seulement, comme on l'a dit, l'empereur des soldats ; je suis celui des paysans, des plé-
béiens, de la France. Aussi, malgré tout le passé, vous
voyez le peuple revenir à moi. Il y a sympathie entre nous.
La fibre populaire répond à la mienne ; je suis sorti des
rangs du peuple, ma voix agit sur lui... Je ne hais point
la liberté ; je l'ai écartée lorsqu'elle obstruait ma route,
mais je la comprends, j'ai été nourri dans ses pensées. »

Un *mouvement révolutionnaire* secoua la nation française d'un frisson intense. « Puisque c'est la guerre de la
noblesse contre le peuple, il faut que le peuple se lève
comme en 92 et écrase ses ennemis de sa masse », dit
un contemporain. Dans ses *Mémoires*, Benjamin Constant

---

(1) H. Houssaye, *1815*, t. I, p. 276.

écrit : « Les mots de servage et de glèbe avaient échauffé les esprits... La haine universelle contre la noblesse prêtait à Bonaparte un appui redoutable... Il en aurait pu tirer un avantage prodigieux (1). Il disait, prétend-on : « Dans la position où je suis, il n'y a pour moi de noblesse que dans la canaille et de canaille que dans la noblesse que j'ai faite (2). Mais l'*Empereur n'osa pas armer le peuple des révolutions*. Pourquoi ? Dans un accès de fierté qui n'était plus de saison, il repoussa l'offre des concours généreux d'une phalange de patriotes, sous prétexte qu'il ne voulait pas être « le roi d'une jacquerie (3) ». Il savait donc bien qu'à cette date, le peuple seul pouvait sauver son trône ; il devait « prendre la liberté comme arme et non comme entrave (4) ». Mais une telle ligne de conduite était opposée à son caractère, à son système ; il aima mieux tout perdre que rien céder (5).

D'ailleurs, arrivé à Paris, Napoléon n'était déjà plus le soldat de la Révolution que la France avait acclamé. Il était redevenu le tout-puissant Empereur de 1811, « le souverain légitimé (6) par les victoires et les traités ». Il avait oublié de nouveau, dans l'appareil de la souveraineté et l'exercice du pouvoir absolu, ses proclamations démagogiques et ses paroles de liberté. Il voulut s'imiter lui-même : il fut perdu.

La France se reprit vivement du mouvement de sympa-

---

(1) Ce mouvement révolutionnaire se dessina à tel point que Molé put dire à l'Empereur : « J'ai peur de la révolution menaçante, prête à vomir encore une fois sur la France la terreur et la proscription. »

(2) BOURRIENNE, *Mémoires*, t. IX, p. 310.

(3) Voir Henry HOUSSAYE, *1815*, t. I, p. 489.

(4) Mme DE STAËL, *Considérations sur la Révolution*, t. III, p. 133.

(5) Voir Lord ROSEBERY, *Napoléon, la dernière phase*, p. 257.

(6) « Le jour où, méconnaissant son point de départ et sa mission, Napoléon s'est cru légitimé, le jour où il a renié la Révolution, la légitimité l'a dévoré, lui, son empire, sa dynastie et son héritier. » (F. MASSON, *Napoléon et son fils*, p. 427.)

thie qu'elle avait eu pour Napoléon. Le souvenir des souffrances endurées sous l'Empire l'empêcha de se solidariser
à nouveau avec son représentant. Elle ne lui donna pas
son âme ; il n'y eut pas, en 1815, qu'un sentiment et
qu'une volonté dans le pays : la nation ne voulut pas se
rallier à l'Empereur. Celui-ci fut privé, par l'opposition
de la noblesse et l'inertie de beaucoup de patriotes, de
cette unanimité, de cette simultanéité d'action, si nécessaires dans les grands dangers de l'Etat et qui avaient
sauvé la France en 1792-1793.

On a pu dire qu' « on lui avait tant répété qu'il était le
seul obstacle au bonheur de la France qu'il fit semblant de
le croire, en juin 1815 comme en 1814 ; il partit de son
plein gré », sans essayer cette révolution populaire qui aurait sauvé la dynastie, parce qu'une force intérieure lui
disait qu'en utilisant ce moyen, « il compromettait à jamais et brisait les instruments du pouvoir entre les mains
de ses successeurs (1) ».

De pareils jugements sont assurément très contestables.
Laisser intact et inviolé le principe même du pouvoir,
voilà quelque chose dont, au fond, l'auteur du 18 Brumaire s'est pas mal moqué. Il a abdiqué parce que, se
sentant abandonné du peuple lui-même, il ne pouvait faire
autrement. « Sa puissance était née des succès militaires ;
il avait négligé de lui donner, en temps opportun, une
autre base plus solide ; il était resté général sans devenir
homme d'Etat, de sorte que la défaite complète de ses
armes devait fatalement entraîner sa chute du trône (2). »

Lorsque le message impérial annonçant le désastre de
Waterloo fut apporté à la tribune de la Chambre, Lucien
adjura les représentants de ne pas « s'exposer à un grave
reproche d'inconstance et de légèreté s'ils abandonnent en

---

(1) A. GUILLOIS, *Napoléon*, t. I, p. 141.
(2) YORK DE WARTENBURG, *Napoléon chef d'armée*, t. II, p. 465.

ce moment Napoléon ». La Fayette répondit : « Prince,
vous calomniez la nation. Ce n'est pas d'avoir abandonné
Napoléon que la postérité pourra accuser la France, mais
hélas ! de l'avoir trop suivi. Elle l'a suivi dans les plaines
d'Italie, dans les sables brûlants de l'Egypte, dans les
champs dévorants de l'Espagne, dans les déserts glacés de
la Russie. Six cent mille Français sont morts sur les rives
du Tage. Pourriez-vous nous dire combien ont succombé
sur les bords du Danube, de l'Elbe et de la Moskawa ?
Hélas ! moins constante, la France eût sauvé votre frère,
votre famille, nous tous, de l'abîme où nous nous débat
tons aujourd'hui.»

V

La nation et les armées du premier Empire : volontaires, soldats résignés, déserteurs et réfractaires.

Depuis quinze ans, le paysan de France avait souffert et
trimé. En combien d'hôpitaux, combien de cimetières,
combien de landes désertes, de bois noirs, de ravins nei-
geux, en a-t-on couché de ces gars de France ? Pauvres
petits gars aux yeux clairs, croit-on qu'ils soient allés de
bon cœur aux batailles ?

Sans doute, il y eut des *volontaires* au début de l'impériale épopée ; mais, parmi cette foule que Napoléon fit
passer sous ses étendards, combien rares les prédesti-
nés, ceux qui, d'instincts, de goûts, d'aptitudes, par leurs
qualités et par leurs défauts, par la tournure de leur esprit et la force de leur âme, étaient de naissance des hommes de lutte, des destructeurs ? Combien peu avaient la
vocation guerrière, le tempérament de la combativité !

Cette couche fut vite épuisée parce qu'en réalité elle était aussi peu profonde il y a cent ans qu'aujourd'hui (1).

Mais, à côté de ces gens de carrière, il y a ceux qui furent *soldats par soumission*, ceux qui firent largement leur devoir lorsque la patrie fut en danger, mais pour qui les arts de la paix ont plus de charmes que les fracas de la mitraille. Et cependant, soldats malgré eux, ils marchèrent longtemps à la conquête du monde. Combien sont morts de Madrid à Moscou, non tant de la balle ennemie que de la maladie et de la misère (2) !

Puis ce furent des armées où l'on servit avec répugnance. De cette catégorie de soldats furent d'abord les *fils de bourgeois*, auxquels la conscription, le service obligatoire, le service personnel sont foncièrement antipathiques. Combien de ceux-là sont partis, puis ont déserté, rejoignant le foyer paternel où les cachait la complicité de la population ? Préfets et gendarmes n'y pouvaient rien : que faire contre la masse qui refuse son adhésion à une œuvre dont elle est la première condition (3) ?

Et puis, enfin, il y eut ceux qui ne voulurent point être soldats. Leur nombre grandit vite. Cachés par les manœuvres des leurs, ces *réfractaires* erraient dans les bois, se perdaient dans la montagne. Sur la levée de 300.000 hom-

---

(1) Mme DE RÉMUSAT, *Mémoires*, t. II, p. 198.

(2) « Je ne saurais taire que j'ai trouvé une répugnance extrême pour le service militaire, qui s'est manifestée par des doléances et des infirmités supposées. Mais la douceur et la résignation égalent l'apathie... ». (Lettre du préfet du Mans, 15 octobre 1813.)

La résignation, le mot est juste, ajoute Henry Houssaye. C'est le sentiment qui domine dans l'ensemble des départements. — Voir Henry HOUSSAYE, *1814*, p. 23 et 24.

(3) En 1811 et 1812, on compte 4.000 à 5.000 désertions par jour. Un mois après le passage du Niémen, 150.000 hommes avaient disparu des rangs. — Voir Ph. DE SÉGUR, *Histoire et Mémoires*, t. III, p. 474; — THIERS, *Histoire du Consulat et de l'Empire*, t. XIV, p. 159.

mes prescrite au début de 1814, il y eut un déficit de 237.000 hommes.

Tous, insoumis ou soldats malgré eux, que veulent-ils ? *La paix* (1), la rentrée au village, la possession des libertés pour lesquelles ils ont tant combattu. Et cette paix tant réclamée, Napoléon s'obstine à ne pas l'accorder. La nation ne voit « qu'un homme entre la paix et elle » : elle se persuade que tant que cet homme régnera, on aura la guerre. Harassée, la France abandonne définitivement celui dont elle avait fait son idole.

---

(1) « Si l'Empereur pouvait réunir toute la France autour de lui, Sa Majesté entendrait crier de toutes parts : « Sire, donnez-nous la paix. » (Dejean à Clarke, 13 décembre 1813.) — Napoléon, à la veille d'Austerlitz, disait : « Rassemblez aujourd'hui les voix de l'armée, vous les entendrez toutes invoquer la France... La France est trop belle ; ils n'aiment point à s'en éloigner autant et à rester longtemps séparés d'elle. »

Bugeaud, alors soldat, écrit à sa sœur le 1er décembre 1805 : « Il nous promit de nous donner la paix après cette bataille. Nous répondîmes par des cris de joie. Il semblait que chacun célébrait son retour dans sa famille. »

« On voit avec plaisir approcher le moment de tourner enfin ses pas victorieux vers un pays où tant de motifs nous rappellent. » (*Journal du baron Percy*, 3 juillet 1807.) — Voir Metternich, *Mémoires et Écrits divers*, p. 69-75.

CHAPITRE VIII

MOYENS EMPLOYÉS PAR NAPOLÉON POUR DIRIGER L'OPINION.

Sommaire : I. Proclamations et Bulletins. Orientation de leur rédaction. — II. Collaboration au *Moniteur*. — III. Napoléon omniarque.

I

Proclamations et Bulletins. Orientation de leur rédaction.

Après avoir analysé la force de l'action personnelle et directe de Napoléon sur l'opinion publique, il est utile d'en étudier plus spécialement les ressorts intimes. Procédés de mise en œuvre, dont l'influence est éphémère peut-être, mais qui nous montreront à nu combien peu le perfectionnement moral de l'homme importait à Napoléon.

Il n'y a pas lieu d'insister à nouveau sur le caractère des *bulletins* qui provoquaient chez les soldats « le gros rire goguenard et méprisant (1) ». Selon le point de vue auquel on se place, on peut adresser à ce ton général la louange ou le blâme. Mais ce qui est hors de cause, c'est

---

(1) Voir les Bulletins de la campagne de 1807. — « C'était de la ratatouille de chambrée; mais les soldats la trouvèrent excellente, et c'est tout ce qu'on voulait. » (Général baron Thiébault, *Mémoires*, t. II, p. 62.)

que Napoléon atteignait son but : il exerçait une influence puissante sur les soldats auxquels il s'adressait. Par les bulletins, en effet, l'armée apprenait de l'Empereur lui-même ses idées sur la politique générale, sur la guerre, sur les divers faits qui se produisaient en France. L'Europe anxieuse y cherchait ses destinées, s'il plaisait au maître vainqueur de les faire connaître au public. Dans la direction qu'il donnait ainsi à l'opinion, Napoléon sut mettre tout son esprit, toute sa science de la mise en scène.

Le langage figuré des *proclamations*, véritable fanfare de guerre, grandes images qui se colorent devant les yeux, se gravent dans les mémoires, avait également une action vivace sur les imaginations populaires. « Ses phrases sont des inscriptions toutes prêtes pour les stèles ; ses métaphores entrent dans le langage. On avait eu, au temps de la Gironde, la déformation ampoulée ; au temps de Robespierre, le pastiche sophistique, souvent la parodie de l'éloquence antique : ici, c'est Rome même qui ressuscite et qui s'exprime. »

Sans doute, on peut dire que ces manifestations sont bien un peu théâtrales. Mais, à cause de cela même, ne sont-elles pas d'autant plus entraînantes à une époque où l'on ne vivait qu'aux sons des trompettes de guerre, au bruit des canons annonçant les victoires, au milieu des fêtes qui accompagnaient le retour des guerriers ?

On peut varier d'opinion sur la valeur morale de toute cette phraséologie puissamment imprégnée de poudre et de gloire ; mais on ne saurait refuser au talent oratoire de Napoléon d'avoir fait souvent vibrer les cœurs et d'avoir, par conséquent, rempli le double but de tout orateur : charmer et persuader. Napoléon sut atteindre ce résultat avec ses exposés de faits simplifiés, arrangés et falsifiés à dessein (1). Ce fut, à la fois, un vin fameux,

_____

(1) « J'éprouvais, dit Bourrienne, un sentiment pénible en écri-

excellent pour échauffer l'enthousiasme, et un narcotique susceptible d'entretenir la crédulité, « sorte de mixture populaire qu'il débite juste au moment opportun et dont il proportionne si bien les ingrédients que le gros public auquel il la sert a du plaisir à boire et ne peut manquer d'être ivre après avoir bu (1) ».

II

Collaboration au « Moniteur ». Napoléon, rédacteur en chef.

Mais où nous trouvons surtout à signaler et à préciser l'action personnelle de l'Empereur sur l'opinion (2), c'est en étudiant son rôle comme *inspirateur de la presse et collaborateur du « Moniteur »*. Ce rôle est assurément fort curieux, si l'on veut bien réfléchir un instant à la manière dont Napoléon comprenait la liberté de la presse.

vant sous sa dictée des paroles officielles dont chacune était une imposture. La réponse était toujours : « Mon cher, vous n'êtes qu'un nigaud, vous n' entendez rien. » Voir BOURRIENNE, *Mémoires*, t. II, p. 281, 342 ; — Mᵐᵉ DE RÉMUSAT, *Mémoires*, t. II, p. 205, 207 ; — P.-F. TISSOT, *Talma*, p. 36, 37. — Relire les proclamations musulmanes d'Égypte : l'impudence y descend jusqu'au sacrilège. — « Lui ayant reproché un jour les faussetés palpables dont fourmillaient la plupart de ses Bulletins, il me dit en riant : « Ce n'est pas pour vous que je les écris ; les Pa-» risiens croient tout et je pourrais leur conter de bien autres » choses encore, qu'ils ne se refuseraient pas à les admettre. » (METTERNICH, *Mémoires*, t. I, p. 282.) — Un assez curieux spécimen de l'impudence de Napoléon, ce sont les mensonges qu'il débita à ses compagnons durant la traversée de l'île d'Elbe au golfe Jouan. (Voir Henry HOUSSAYE, *1815*, t. I, p. 203.) — Il est également intéressant de se rendre compte comment les événements de 1812 sont travestis dans la lettre de Napoléon à Eugène, 26 janvier 1813. — Voir A. SOREL, *L'Europe et la Révolution française*, t. II, p. 2 et 3.

(1) H. TAINE, *Le Régime moderne*, t. I, p. 39. — Voir BERTHEZÈNE, *Souvenirs militaires*, t. I, p. 291.

(2) Voir Comte CHAPTAL, *Mes Souvenirs sur Napoléon*, p. 361 et suiv.

Selon lui, la presse ne doit être, dans les mains du pouvoir, qu'un moyen d'action et même de dissimulation. Il est bien certain que, au point de vue moderne, il y a lieu de condamner cette idée que Napoléon se faisait du rôle des journaux dans un État civilisé. Mais cette conception fait corps avec l'ensemble des idées politiques de l'Empereur. Celui-ci ne put jamais, quoi qu'il en dise, oublier qu'il était général : il porta dans tous les actes de son gouvernement le même esprit d'unité de direction et de but qui est le fond de son caractère militaire. Est-il nécessaire d'observer que ce qui est vrai en principe peut devenir horriblement faux dans l'application ?

L'Europe connaissait l'action que Napoléon exerçait par l'intermédiaire des journaux. Metternich, s'adressant à un ambassadeur français, faisait ressortir l'importance que cette influence donnait aux paroles des périodiques de France. « Le langage des journaux anglais ne saurait justifier les vôtres ; la presse anglaise est libre par la constitution ; le gouvernement lui-même est en butte à ses outrages ; on ne peut rendre celui-ci responsable des opinions qu'elle exprime sur les gouvernements étrangers. Chacun sait qu'en France, au contraire, rien ne paraît sans l'autorisation du gouvernement, ou plutôt que tout ce qui paraît en politique est son ouvrage. »

Cette appréciation est particulièrement juste. Tous les journaux recevaient le mot d'ordre du *Moniteur*. Or, Napoléon dirigeait réellement cette dernière feuille ; il en corrigeait lui-même les épreuves importantes ; on a pu dire qu'il en était le rédacteur en chef. Il avait fait de cette feuille « l'âme et la force de son gouvernement, l'intermédiaire des communications avec l'opinion publique du dedans et du dehors (1). »

_____

(1) LAS CASES, *Mémorial de Sainte-Hélène*. — Voir Comte CHAPTAL, *Mes Souvenirs sur Napoléon*, p. 384 et 393.

« On a pu accuser le *Moniteur* pour ses notes tranchantes, trop virulentes contre l'ennemi ; mais, avant de les condamner, il faudrait mettre en ligne de compte le bien qu'elles peuvent avoir produit, l'inquiétude parfois dont elles étaient à l'ennemi, la terreur dont elles frappaient un cabinet incertain, le coup de fouet qu'elles donnaient à ceux qui marchaient avec nous, la confiance et l'audace qu'elles inspiraient à nos soldats. » Napoléon a résumé en ces quelques paroles le rôle qu'il entendait faire jouer à la presse officielle, inspiratrice obligatoire de tous les périodiques (1).

III

Napoléon omniarque.

Il ne semble pas qu'il soit nécessaire d'entrer dans de plus longs développements pour être autorisé à dire que l'Empereur n'a jamais pensé donner à la nation française une application logique, rationnelle des libertés qui avaient fait l'objet du grand mouvement social et politique de 1789.

Napoléon n'a jamais eu comme but d'assurer la grandeur de la France au point de vue social et économique. Rendre la France maîtresse du monde et lui-même omniarque, telle était la pensée directrice de sa conduite. Il l'a avoué après son abdication et jusque dans son testament.

D'aucuns, enregistrant les paroles orgueilleuses du grand capitaine, ont qualifié ses vues de « grande et noble

---

(1) Voir Général FOY, *Histoire de la guerre de la Péninsule,* t. I, p. 29 ; — H. HOUSSAYE, *1814,* p. 567.

ambition » que la fatalité seule enraya. Il est bien permis de ne voir, dans de tels projets, qu'une manifestation extérieure de cet esprit charlatanesque qui, habillant des absurdités, sut frapper les foules, les aveugler et les entraîner vers la débâcle.

————

CHAPITRE IX

INSUFFISANCE DE L'INFLUENCE PERSONNELLE D'UN HOMME DANS LA CONDUITE DES ARMÉES ET DES NATIONS.

SOMMAIRE : I, Les grands hommes de guerre font rarement école. Supériorité de sages institutions militaires, — II. Le génie, force unique, ne peut se permettre une seule défaillance. Direction et initiative. — III. Le déclin physique et intellectuel atteint tout homme.

> « Malheur à une République où le mérite d'un homme, où sa vertu même, serait nécessaire ! » (CARNOT.)

I

Les grands hommes de guerre font rarement école. Supériorité de sages institutions militaires.

Il y a une façon de commander qui coupe court d'avance à toute velléité d'insubordination, à toute idée de s'écarter des ordres donnés. Cet empire, que les grands capitaines ont exercé sur ceux qui les entourent, se constate d'une manière très spéciale chez Napoléon. Il imposait l'obéissance ; devant lui, on se sentait toujours en service et toujours en sous-ordre.

Mais quiconque commande de la sorte s'arroge par cela même une certaine infaillibilité qui tue tout esprit d'initiative. Ainsi s'explique pourquoi *les plus grands hommes de guerre n'ont presque jamais fait école. C'est au suprême degré le cas de Napoléon (1).*

Napoléon était si exclusif en matière de commandement personnel qu'il a pu écrire, le 14 février 1806, au major général Berthier, quelques mois avant la campagne de Prusse : « Tenez-vous-en strictement aux ordres que je vous donne ; exécutez ponctuellement vos instructions... Moi seul, je sais ce que je dois faire. » Et le même Berthier, chef de l'état-major, faisait l'année suivante, par lettre, au maréchal Soult cet aveu : « Je ne suis rien dans l'armée ; je reçois au nom de l'Empereur les rapports des maréchaux et je signe les ordres pour lui ; ainsi je suis nul pour tout ce qui m'est personnel. »

L'Empereur coupait les ailes à toute envolée stratégique ; en élevant constamment la prétention de tout diriger lui-même et d'assumer toutes les responsabilités, il fit de ses subordonnés des instruments passifs. Avec lui, toute velléité d'*initiative*, même justifiée par l'urgence imprévue et la bonne intention visible, fut réprimée comme un écart, avec une rudesse brusque qui, selon l'expression de Taine, plie les reins et casse les genoux. « Lorsqu'une telle méthode de commandement est appliquée, comme en 1796, dans une petite armée opérant sur un théâtre peu étendu, les ordres d'en haut parviennent en temps utile aux destinataires ; mais du jour où Napoléon actionnera la Grande Armée par les mêmes moyens, des frottements, des retards se produiront et, à la longue, ses généraux ou maréchaux, déshabitués d'agir par eux-mêmes, et chez qui l'initiative se sera atrophiée faute d'exercice, deviendront une proie facile pour des adversaires plus indépendants (2). »

---

(1) Voir Général Foy, *Histoire de la guerre de la Péninsule*, t. I, p. 159.
(2) Général Bonnal, *Revue hebdomadaire*, 22 février 1908, p. 434.

« Mon frère, disait Joseph dès 1803, veut que le besoin de son existence soit si bien senti et que cette existence soit un si grand bienfait, qu'on ne puisse rien voir au delà sans frémir. Il sait, et il le sent, qu'il règne par cette idée plutôt que par la force ou la reconnaissance. Si demain, si un jour on pouvait se dire : « Voilà un ordre de choses » établi et tranquille, voilà un successeur désigné, Bona- » parte peut mourir, il n'y aura ni trouble ni innovation » à craindre », mon frère ne se croirait plus en sûreté... Telle est sa règle de conduite (1). »

Napoléon était tellement habitué à se regarder comme nécessaire au maintien du système qu'il avait créé, qu'à la fin il ne comprenait plus comment le monde pourrait aller sans lui. « Je n'ai aucun doute que ce ne fût du fond de son âme et de pleine conviction que, dans notre entre- tien à Dresde, en 1813, il me dit ces propres paroles : « Je périrai peut-être, mais j'entraînerai dans ma chute » les trônes et la société tout entière (2). »

Nous avons déjà signalé l'influence de la désobéissance voulue dans les armées françaises en 1814 et 1815 (3). Mais il est une autre désobéissance, involontaire celle-ci, que fit naître l'autoritarisme de Napoléon. « Napoléon, en imposant ses idées à ses conseils et en asservissant tou- tes les volontés à la sienne, avait détruit l'esprit d'initia- tive. Il avait trop gouverné, selon le mot de Talleyrand. Dans les années de gloire, on se reposait sur le génie ou sur la fortune de l'Empereur et l'on exécutait aveuglément ses ordres. Les revers avaient affaibli la confiance. On n'obéissait plus et, comme on était déshabitué de penser et d'agir par soi-même, on ne savait que ne rien faire (4). »

---

(1) MIOT DE MÉLITO, *Mémoires*, t. II, p. 48 et 152.
(2) METTERNICH, *Mémoires et Écrits divers*, t. I, p. 288. — Voir *Ibid.*, p. 153.
(3) Voir Henry HOUSSAYE, *1814*, p. 443.
(4) *Id., Ibid., 1814*, p. 414. — Voir *Ibid.*, p. 453, 453 et 535.

Tous les actes de l'Empereur partant de calculs d'intérêt personnel, leur exécution ne pouvait reposer que sur lui seul. Le jour où il déclina, il ne trouva de soutien ni dans son armée, ni dans son système politique et administratif. Bien que cette manière ait probablement contribué à grandir Napoléon comme homme de guerre, on ne peut s'empêcher de constater que l'instruction et l'éducation d'une pépinière de futurs chefs valent mieux pour assurer d'une façon durable les succès d'une armée, et par suite l'intégrité nationale, que le règne stérile d'un seul génie, fût-il de la taille de Napoléon.

C'est qu'en effet l'individu, considéré isolément, peut se spécialiser à l'excès sans que l'on soit en droit de le lui reprocher. Mais une société, pour vivre, demande à être gouvernée par des hommes à l'esprit large, bien équilibré ; les besoins divers d'une nation exigent, chez les chefs, une souplesse qui assure une adaptation immédiate des circonstances matérielles et morales du moment au but final poursuivi.

Aussi ne peut-on, semble-t-il, s'empêcher de reconnaître que si l'influence personnelle d'un homme de génie peut assurer un succès temporaire, elle est insuffisante si l'on considère la question au point de vue social.

De *sages institutions militaires*, bien vivaces, bien étudiées, *surtout en rapport logique avec les institutions civiles et les mœurs du pays*, sont assurément la meilleure garantie d'un succès durable. Elles réalisent, sinon tous les facteurs de la victoire, tout au moins sa condition primordiale.

II

Le génie, force unique, ne peut se permettre aucune défaillance.

« La force est toujours la force ; l'enthousiasme n'est que l'enthousiasme, mais la persuasion reste et se grave dans les cœurs », disait l'Empereur. A certaines heures de lucidité, on ne peut douter que Napoléon ait senti que *le libre concours d'efforts multiples peut, avec le temps, vaincre même le génie* ; celui-ci, force unique, ne peut se permettre une seule défaillance sans risquer de perdre sa suprématie.

Napoléon se rendait très bien compte des défauts de sa méthode de commandement. Ne disait-il pas au comte Rœderer : « C'est peut-être un mal que je commande en personne ; mais c'est mon essence, c'est mon privilège. »

Sans doute Napoléon, pendant quelque temps, put suffire à la formidable tâche qu'il s'était assignée. Mais un jour vint où l'immensité des moyens mis en œuvre a submergé le vaste génie de l'Empereur et son activité extraordinaire. Faute d'avoir, de longue main, préparé des aides compétents, il a dû s'en remettre du soin d'assurer l'accomplissement de ses projets à des sous-ordres incapables d'en saisir l'économie grandiose. Sa pensée, incomprise ou méconnue de ceux à qui elle s'adressait à travers les espaces, a dû subir l'outrage d'un travestissement qui lui ôtait sa grandeur et sa force (1). Ce jour-là Napoléon Bonaparte a pu regretter son exclusivisme : il n'avait plus le temps ni les moyens de donner à tous une initiation qui manquait.

---

(1) Voir Ph. DE SÉGUR, *Histoire et Mémoires*, t. VI, p. 159.

La meilleure autorité, la plus féconde, non seulement dans la vie militaire, mais dans toutes les parties de la vie sociale, est celle qui assure la *formation du caractère de ceux qui sont appelés à obéir* : jamais le supérieur ne doit se substituer aux inférieurs dans l'exercice de leur commandement. « A force de peser sur eux, de vouloir en toute chose imposer son appréciation personnelle, de ne pas admettre les erreurs de bonne foi, de les réprimer et reprendre comme des fautes, et de faire sentir à tous, jusqu'au soldat, qu'il n'y a absolument qu'une autorité infaillible, celle du colonel par exemple ; de montrer à tout venant que le colonel seul a du jugement et de l'intelligence, on enlève à tous toute initiative, on jette tous les grades inférieurs dans l'inertie provenant de la méfiance de soi-même, de la peur d'être vertement repris.

» Que cette main unique, si ferme, qui tient toutes choses, vienne à manquer un instant, tous les chefs inférieurs qu'elle a tenus d'aplomb jusque-là dans une position qui ne leur est pas naturelle, font comme les chevaux toujours et trop fort tenus en bride : quand la bride vient à manquer, ils se relâchent.

» Ils n'y sont plus, ils ne retrouvent pas à l'instant cette confiance en eux-mêmes qu'on s'est trop longtemps pour ainsi dire appliqué à leur enlever (sans le vouloir). Que, dans un pareil moment, les circonstances deviennent difficiles, et le soldat bien vite sent la faiblesse et les hésitations de ceux qui le mènent. » (ARDANT DU PICQ.)

Il est donc de la plus haute importance de bien préciser les *droits de la direction* et les *devoirs de l'initiative*. Il ne peut y avoir de conflit entre les deux sous peine de conséquences fatales. L'initiative, force intelligente et non aveugle, a sa place partout, dans les actes humains les plus simples ; elle s'exerce dans le champ d'action offert par les circonstances et indiqué par la direction ; elle agit

on lieu et place de la direction absente et, comme elle, ne
connaît pas de limites. Lui en tracer, c'est l'étouffer, c'est
l'étrangler. Or, la direction, étant une personne en chair
et en os, n'a pas le don d'ubiquité ni celui d'infaillibilité ;
l'initiative est pour elle une aide absolument indispensable, partout et à tout instant. En ce sens les besoins de
la direction des formidables armées actuelles sont sans
mesure ; donc l'esprit d'initiative doit y être développé
sans mesure (1).

On craint des actes d'initiative intempestifs, déraison-
nables ; on ose affirmer que l'initiative tuera la direction
ou la trahira. Admettons pour un instant ces griefs ima-
ginaires. Quel est le remède ? Il n'y en a pas d'autre que
la conception napoléonienne : la direction fait tout. Or,
il y a là une impossibilité absolue. La direction doit donc
déléguer ses pouvoirs et sa confiance ; sinon l'organisme
restera inerte ou ataxique.

D'ailleurs, les inconvénients de l'initiative ne pèsent pas
une once en regard des bénéfices immenses qu'elle procu-
re. Qui dit acte d'initiative ne dit pas acte individuel, particulariste, anarchique. L'initiative, rappelons-le, n'est pas
une force aveugle ; elle est par essence l'œuvre d'une intelligence. « Les intelligences subordonnées sont au service de l'intelligence directrice si celle-ci, comme elle le
doit, a illuminé celles-là. Si elles sont toutes éclairées par
la même lumière, orientées vers le même but, on doit comprendre que leurs efforts seront orientés aussi et s'ajou-
teront sans se détruire ; ils s'appelleront, se commande-
ront les uns les autres. » (LOUKIANE CARLOWITCH.)

La direction dégagée du souci des détails restera à sa
place et assurera la cohésion des efforts collectifs. Il n'y
a donc pas lieu de craindre que le serviteur prenne la place

---

(1) YORCK DE WARTENBURG, *Napoléon chef d'armée*, t. II,
p. 381.

du maître, le supplante. Il le supplée, il doit le suppléer. *L'initiative ainsi comprise n'est pas autre chose que de la discipline intelligente.*

III

Le déclin physique et intellectuel atteint tout homme.

Napoléon fut atteint de bonne heure d'un déclin réel de ses facultés physiques et intellectuelles. D'aucuns ont même prétendu qu'il était atteint de folie. « Cette folie est celle d'un homme qui aurait rêvé l'irréalisable et qui le verrait s'accomplir au delà de ses espérances. Sa folie, c'est de s'être vu supérieur à tous les conquérants présents et passés, lui, le parvenu de basse extraction. Cette folie, le professeur Lacassagne l'a définie d'un mot : c'est la *césarite*, provoquée par les influences extérieures, et pour l'éclosion de laquelle l'hérédité n'est rien, le milieu est tout (1) ».

Napoléon signalait le point faible de l'influence personnelle réduite aux seules forces d'un individu lorsqu'il écrivait à Gantheaume, le 23 juin 1804 : « L'âme de toutes les armées, c'est le *franc attachement* de toutes les parties au chef. » Est-il possible à un homme d'obtenir constamment, par son unique influence, ce franc attachement ? Napoléon y réussit un certain temps ; nous avons examiné les moyens dont il se servit ; nous avons constaté qu'ils étaient insuffisants. Leur emploi exige, en effet, que le prestige du chef reste toujours intangible ; s'il est atteint, s'il subit la plus légère éclipse, on se détache de lui (2).

---

(1) Dr CABANÈS, *Napoléon était-il épileptique ?* (*Revue* du 15 avril 1906).
(2) Voir Lord ROSEBERY, *Napoléon, la dernière phase*, p. 313.

Ce fait se réalisa pour Napoléon Iᵉʳ. Dès 1810, « il ne domptait plus comme autrefois les distractions, le sommeil, les fatigues. Sa puissance d'attention semblait à son terme (1) ». Napoléon lui-même constatait cette diminution de toute son énergie. « Il est sûr que, dans ces circonstances, je n'avais plus en moi le sentiment du succès définitif ; ce n'était plus ma confiance première : soit que l'âge, que d'ordinaire favorise la fortune, commençât à m'échapper ; soit qu'à mes propres yeux, dans ma propre imagination, le merveilleux de ma carrière se trouvât entamé, toujours est-il certain que je sentais en moi qu'il me manquait quelque chose (2). »

En 1814, parlant des jugements de l'Empereur sur la situation, ses lieutenants consternés disaient : « C'est à ne pas se croire éveillé que d'entendre de pareilles choses (3). » Ils n'avaient plus confiance en Napoléon. Ils se rendaient compte que l'Empereur ne savait plus associer le froid calcul des possibilités aux inspirations du génie. Enchaîné par son passé glorieux, il ne se contentait plus de calculer avec calme ce dont ses forces étaient capables : il s'illusionnait lui-même (4).

Son retour de l'île d'Elbe a été comme la dernière poussée d'un volcan qui s'éteint ; son génie se révélait encore par des pensées profondes, par des phrases magnifiques, par des actes admirables. En 1815, il ne suffisait plus aux grandes conceptions inséparables de la puissance d'exécution. Son entourage nous en a laissé de nombreux té-

---

(1) Benjamin Constant, *Mémoires sur les Cent-Jours*, t. II, 4ᵉ note, p. 142.
(2) Las Cases, *Mémorial de Sainte-Hélène*, t. VII, p. 179. — Voir Général Foy, *Histoire de la guerre de la Péninsule*, t. I, p. 104.
(3) Marmont, *Mémoires*, t. VI, p. 23.
(4) Voir Yorck de Wartenburg, *Napoléon chef d'armée*, t. II, p. 464.

moignages (1). « Il y a toujours en lui un esprit prodigieux. Sous ce rapport, il est tel que vous l'avez connu ; mais plus de résolution, plus de volonté, plus de caractère. Cette qualité, si remarquable autrefois chez lui, a disparu. Il ne lui reste que son esprit (2). » L'Empereur, en 1815, était incapable de profiter des dernières chances qui lui restaient. « A Waterloo éclate la décadence du commandement français à tous les degrés, et pourtant jamais l'Empereur n'a été plus général que dans cette courte campagne ; mais alors sa confiance en son étoile avait disparu et ses moyens physiques, ainsi que ses facultés d'attention et de prévoyance étaient affaiblis par un surmenage excessif qui datait de loin. » (Général BONNAL.)

---

(1) Voir Philippe DE SÉGUR, *Histoire et Mémoires*, t. VI, p. 9; — Comte CHAPTAL, *Mes Souvenirs sur Napoléon*, p. 331.

(2) MARMONT, *Mémoires*, t. VII, p. 110. — Voir *Ibid.*, t. V, p. 271; t. VI, p. 253; — FAIN, *Manuscrit de 1813*, t. II, p. 372; — Général baron THIÉBAULT, *Mémoires*, t. V, p. 342.

CONCLUSION

Arrivé au terme de notre étude, ce n'est pas sans quelque hésitation que nous jetons un regard rétrospectif sur l'ensemble des discussions qui la composent. Qui oserait prétendre pénétrer le secret de l'existence prodigieuse de Napoléon ? Le problème est complexe : l'on ne peut nier qu'il y ait *plusieurs hommes dans cet homme*. Il est si multiple et si lumineux, qu'il émet de la clarté par mille facettes : c'est pourquoi l'étude de sa psychologie, même lorsqu'elle n'aboutit à aucun résultat, garde un invincible attrait. Ce n'est pas du temps perdu que de se complaire à l'examen des actes de Napoléon Bonaparte. Qu'on le fasse pour imiter, pour éviter ou simplement pour savoir, on arrive inévitablement à se créer un puissant stimulant de toutes les facultés. La carrière prodigieuse de Napoléon Ier soulève en effet une quantité de questions qui se posent et s'imposent, mais dont bien peu, semble-t-il, peuvent recevoir une réponse directe, définitive ou simplement satisfaisante.

Plus on pénètre dans les profondeurs de cette existence aux ressorts mystérieux, moins on se sent en état de l'expliquer logiquement. Mais ce qui est indiscutable, c'est que l'on arrive rapidement à une vérité relative, à une conclusion comprenant dans une formule simple la relation véritable de Napoléon avec l'histoire de l'humanité. Napoléon fut lancé à travers le monde occidental comme une grande force, comme un fléau, comme un balayeur d'hommes (1) et d'institutions, dont la mission fut surtout négative. Cette œuvre réalisée, il disparut aussi promptement qu'il était apparu. « Toutes les choses accomplissent leur révolution, et quand elles sont arrivées à leur point culminant, elles tombent en ruines, ne pouvant se maintenir longtemps dans cette position. C'est la fin des fortunes et des prospérités de ceux qui ne savent pas modérer leur raison et leur ambition. » (RABELAIS.)

Napoléon fit époque, tel César ou Attila ; il incarna de grands changements, tel Tamerlan ou Mahomet ; il étonna et effraya ses contemporains. Et cependant, regardé à distance, il devient un incident périodique du mouvement universel. Au fond, les menus faits de sa carrière, ses idées morales, ses méthodes d'action, si intéressants qu'ils puissent être, n'apparaîtront à nos lointains descendants que comme des détails secondaires. Étudions-les donc comme des faits se rapportant à un être surnaturel qui serait homme par ses fautes et par ses aberrations.

Ces réserves étant faites, il semble bien que l'on peut condenser la leçon qui découle de nos discussions de la façon suivante :

1° *Napoléon est un fait immense, dont les conséquences ne sont pas niables ;*

2° *Si nous l'imitons servilement, tant au point de vue politique qu'au point de vue militaire, nous échouerons ; il ne conduit qu'à lui-même ;*

3° *Il faut enfin admettre qu'il est nécessaire et possible de séparer l'admiration pour Napoléon, génie militaire puissant, entré dans l'histoire, du jugement sévère mais incontestablement juste du système politique dont il dota notre pays.*

N'oublions pas d'ailleurs que la vérité historique est généralement dans les demi-teintes : nous savons si peu de

---

(1) Voir Lord ROSEBERY, *Napoléon, la dernière phase,* p. 284.

choses et si mal ; tant de facteurs dans nos recherches, nos trouvailles, nos appréciations concourent à nous tromper de bonne foi !

Un examen sérieux de l'histoire de Napoléon Bonaparte permet de conclure que l'homme n'est pas suffisamment lesté pour exercer longtemps un pouvoir absolu et sans contrôle. L'omnipotence est incompatible avec la nature humaine. Napoléon, quelle qu'ait été la puissance de son intelligence, ne fait pas exception à cette règle sociale. Jupiter prive d'abord de leur raison ceux qu'il veut perdre, dit un proverbe. Bien avant la chute finale, Napoléon n'était plus en possession de l'équilibre de ses facultés : son cerveau avait cessé d'être en rapport avec son ambition ; il ne la contrôlait plus.

Instruisons-nous surtout par les fautes de Napoléon : *aimons la grandeur modérée, celle qui est possible, celle qui est durable, parce qu'elle n'est pas insupportable à autrui.* Auprès de cet homme, le plus immodéré des hommes, comprenons la haute valeur de la *modération.*

Si grand, si sensé, si vaste que soit un génie, jamais il ne faut lui livrer les destinées d'un pays. La France de 1800 est-elle excusable de s'être donnée à Napoléon ? Pouvait-on prévoir que le vainqueur de Marengo serait l'insensé de 1812 ? Oui, on aurait dû le prévoir, en se rappelant que la toute-puissance porte en soi une folie incurable, la tentation de tout faire, quand on peut tout faire même le mal après le bien.

Dans cette grande vie de Napoléon, où il y a tant à apprendre pour le militaire ou l'administrateur, que le citoyen vienne se convaincre qu'il ne faut jamais livrer le pays à un homme, quel que soit l'homme, quelles que soient les circonstances. Qu'il n'oublie surtout pas qu'il n'est jamais *permis d'aliéner sa liberté* et que, pour n'être pas exposé à l'aliéner, il ne faut pas en abuser. Qu'il se souvienne enfin que *l'idolâtrie pour les individus est une bien sotte et bien funeste manie* : elle implique toujours une confiance aveugle et il est rare que les hommes qui ont obtenu une confiance de ce genre n'en aient pas indignement abusé et qu'ils ne soient pas devenus les plus dangereux ennemis de ceux qui la leur avaient accordée.

TABLE DES MATIÈRES.

Paris et Limoges. — Imp. et libr. milit. H. CHARLES-LAVAUZELLE.

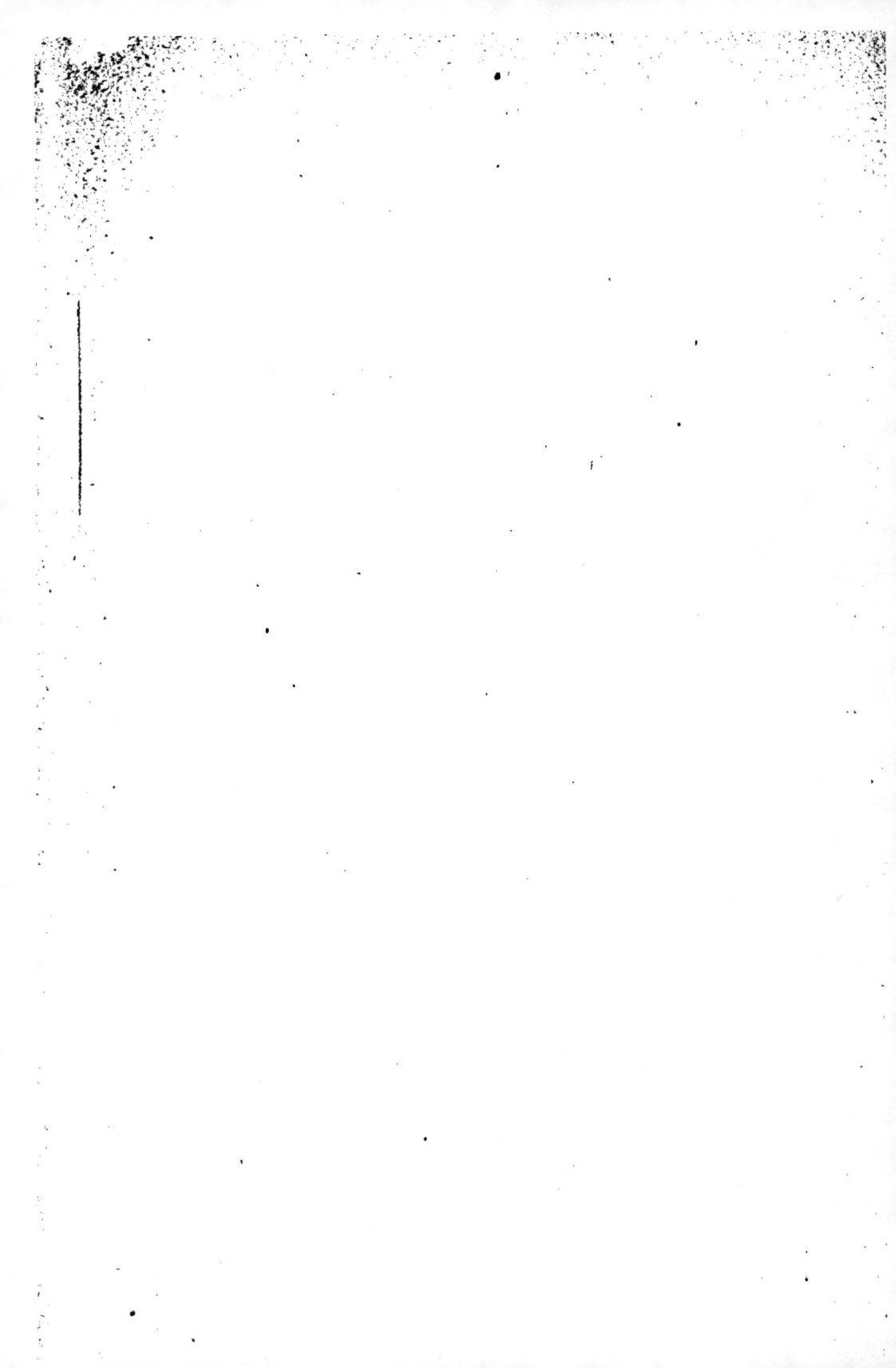

Librairie militaire Henri CHARLES-LAVAUZELLE

PARIS ET LIMOGES

Un désastre prussien, causerie tactique (combat de Trautenau), par Jules DUVAL, chef de bataillon du génie breveté à l'état-major du 5e corps d'armée. (2e édition.) — Vol. in-8° de 140 p., 3 planches hors texte.. 3 »

L'armée n'est pas commandée, par le général PÉDOYA, ancien commandant du 16e corps d'armée. — Brochure in-8° de 40 pages............ » 75

Recrutement et avancement des officiers (*armée active et réserve*), par le général PÉDOYA, ancien commandant du 16e corps d'armée. — Volume in-8° de 216 pages.. 3 »

UNE APPLICATION ANTHROPOLOGIQUE A L'ART MILITAIRE. — **Le classement des hommes et la marche dans l'infanterie**, par le Dr L. MANOUVRIER, directeur à l'Ecole des Hautes Etudes, sous-directeur de la station physiologique du Collège de France. — Volume in-8° de 96 pages...... 2 »

L'Enseignement de la gymnastique dans l'armée, par le capitaine DEBAX, du 18e régiment d'infanterie, ancien instructeur à l'Ecole normale militaire de gymnastique et d'escrime. — Volume in-8° de 100 pages, avec de nombreuses gravures dans le texte, couverture illustrée en couleurs. 2 50

EPÉE, FLEURET. — **Manuel pratique de combat**, par l'adjudant J. RINGNET, I. ⚜, professeur d'escrime au Cercle national des armées de terre et de mer, suivi du *Code du Duel*, avec préfaces de MM. P. VIGNÉ D'OCTON, E. D'HAUTERIVE, le Dr de PRADEL. — Volume in-8° de 120 pages.... 2 »

Les froidures graves (*Prophylaxie. Premiers soins*), par le Dr E. GALZIN, médecin-major aux chasseurs alpins. — Volume in-8° de 132 pages. 2 50

Dressage du cheval d'armes, par le général DE BEAUCHESNE. — Volume in-8° de 32 pages... 2 50

Les Enseignements de la guerre russo-japonaise, par G. DELMAS, chef d'escadron d'artillerie breveté. — Brochure in-8° de 26 pages........ » 60

Enseignements tactiques découlant de la guerre russo-japonaise, par le capitaine breveté NIESSEL, officier d'ordonnance de M. le général commandant la 14e division d'inf. (3e édition). — Vol. in-8° de 182 pag. 3 »

GOUVERNEMENT DE LA DÉFENSE NATIONALE (4 septembre 1870-16 février 1871). — **Procès-verbaux des séances du Conseil**, publiés d'après les manuscrits originaux de M. A. DRÉO, l'un des secrétaires du Gouvernement, avec préface et notes explicatives par Henri DES HOUX, — Volume in-8° de 698 pages.. 7 50

La guerre nationale de 1812, *publication du Comité scientifique du grand état-major russe*. Traduction du capitaine du génie breveté E. CAZALAS, sous la direction de la section historique de l'état-major de l'armée.

1re SECTION : Correspondance des personnages officiels et des services de l'Etat.

Tome Ier. — Ire PARTIE : Préparation à la guerre en 1810. — Volume grand in-8° de 191 pages... 4 »
Tome Ier, IIe PARTIE. — Volume grand in-8° de 466 pages, avec 2 cartes hors texte.. 10 »
Tome II. — Préparation à la guerre en 1811 (janvier-mai). — Volume grand in-8° de 500 pages... 12 »
Tome III. — Préparation à la guerre en 1811 (mai-juillet). — Volume grand in-8° de 141 pages... 10 »
Tome IV. — Préparation à la guerre en 1811 (juillet-août). — Volume grand in-8° de 482 pages... 10 »
Tome V. — Préparation à la guerre en 1811 (septembre-octobre). Volume grand in-8° de 418 pages... 10 »

La Stratégie et la Tactique allemande au début du XXe siècle, étude par le général PIERRON (3e édition, revue et augmentée). Volume in-8° de 580 pages, avec 34 croquis dans le texte...................... 7 50

Hautes études de guerre. — **Haut commandement. — Avancement**, par le général ZURLINDEN, ancien ministre de la guerre. — Volume in-8° de 144 pages.. 3 »

4

www.ingramcontent.com/pod-product-compliance
Lightning Source LLC
Chambersburg PA
CBHW052047090426
42739CB00010B/2076